乡村振兴丛书

"五位一体"
振兴乡村教育机制研究

"UWEI YITI" ZHENXING XIANGCUN JIAOYU
JIZHI YANJIU

代显华 王开宇 唐海康 ◆ 著

四川大学出版社
SICHUAN UNIVERSITY PRESS

图书在版编目（CIP）数据

"五位一体"振兴乡村教育机制研究 / 代显华，王
开宇，唐海康著. — 成都：四川大学出版社，2023.6
（乡村振兴丛书）
ISBN 978-7-5690-6199-4

Ⅰ. ①五… Ⅱ. ①代… ②王… ③唐… Ⅲ. ①乡村教
育—研究—中国 Ⅳ. ① G725

中国国家版本馆 CIP 数据核字（2023）第 121828 号

书　　名：" 五位一体"振兴乡村教育机制研究
　　　　　"Wuwei Yiti" Zhenxing Xiangcun Jiaoyu Jizhi Yanjiu
著　　者：代显华　王开宇　唐海康
丛 书 名：乡村振兴丛书

丛书策划：庞国伟　梁　平
选题策划：杨　果　梁　平
责任编辑：李　梅
责任校对：杨　果
装帧设计：裴菊红
责任印制：王　炜

出版发行：四川大学出版社有限责任公司
　　　　　地址：成都市一环路南一段 24 号（610065）
　　　　　电话：（028）85408311（发行部）、85400276（总编室）
　　　　　电子邮箱：scupress@vip.163.com
　　　　　网址：https://press.scu.edu.cn
印前制作：四川胜翔数码印务设计有限公司
印刷装订：四川盛图彩色印刷有限公司

成品尺寸：170 mm×240 mm
印　　张：9.5
字　　数：192 千字

版　　次：2023 年 8 月 第 1 版
印　　次：2023 年 8 月 第 1 次印刷
定　　价：52.00 元

扫码获取数字资源

四川大学出版社
微信公众号

前　言

　　乡村振兴，教育先行。乡村教育的振兴需要各方协同，但关于应当如何协同的系统论述尚缺，鉴于此，我们有了写作《"五位一体"协同振兴乡村教育机制研究》的想法。

　　本书为 2022 年度成都大学文明互鉴与"一带一路"研究中心、天府文化研究院重大项目"'学术期刊＋文化传播'综合型学术平台构建研究"（编号：WMHJTF2022A03）研究成果之一。全书基于"乡村教育振兴，需要协同机制"的认识，提出需要确立政府、高校、城市名校、社会组织以及乡村学校这"五位"的角色与功能，经文献梳理和调研实践，形成一种相对可靠和科学的振兴机制。

　　本书主体内容共八章：第一章是概述，第二章是乡村教育的溯源与研究述评，第三章是振兴乡村教育的政府主导，第四章是振兴乡村教育的高校引领，第五章是振兴乡村教育的名校助推，第六章是振兴乡村教育的社会支持，第七章是振兴乡村教育的乡村学校策划，第八章是"五位一体"协同机制构建。

　　本书的特色主要体现在以下四个方面。第一，针对乡村教育振兴主体的系统研究，书中对政府、高校、城市名校、社会组织以及乡村学校自身在乡村教育振兴中的角色定位和功能作用等分章节进行了系统论述。第二，聚焦乡村教育振兴机制的专门研究，不仅回答乡村教育振兴为何要协同，更要回应如何协同的机制问题。第三，以访谈实录的形式展现乡村学校发展现状与问题。现有关于乡村学校发展现状与应对策略的文献，多呈现为"经过学术加工的乡村学校现状与应对策略"，其中难免夹杂学者"一厢情愿""添油加醋"的成分。因此，本书尝试以访谈实录的形式展示乡村学校校长、教师眼中乡村教育的现状与可能的应对策略。第四，坚持继承与创新相结合，突出当代性。没有传统乡村教育研究，就没有当代乡村教育研究，两者相互依存、对立统一，基于此，本书专列了"乡村教育的溯源与研究述评"一章。

　　本书由代显华拟定提纲，具体分工如下：前言（代显华）、第一章（代显

1

华、唐海康)、第二章（代显华、李成彬、唐海康）、第三章（代显华、杨琪、唐海康）、第四章（代显华、王雨婷、唐海康）、第五章（陈红、周慧玉、代显华）、第六章（代显华、文欢、王开宇）、第七章（刘晓琴、代显华、王开宇、张倩、唐海康）、第八章（王妤、代显华、唐海康）。最后由代显华、王开宇、唐海康统稿和定稿。本书的完成还得到李佳烜、蔡莹桥、汤永洁、张露、廖嘉文、叶浩、楚玉玺等同学的帮助，在此向他们表示衷心的感谢！

代显华

2023. 1. 9

目　录

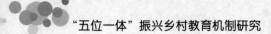

第一章　概　述

2017 年 10 月，习近平总书记在党的十九大报告中明确提出乡村振兴战略。乡村教育的振兴计划随后进入政策视野，"优先发展农村教育事业。高度重视发展农村义务教育，推动建立以城带乡、整体推进、城乡一体、均衡发展的义务教育发展机制"①，"推动农村各项事业全面发展。完善农村医疗、教育、文化等公共服务"②，"优先发展农村教育事业"，"统筹规划布局农村基础教育学校，保障学生就近享有有质量的教育"③。具有重要意义的教育振兴，被摆在了乡村振兴的中心地位，但乡村教育振兴同时也面临着系列问题。

厘清乡村教育问题需从何谓振兴、如何振兴出发，而协同和机制问题是其中的重中之重。因此，本书将从何谓振兴逐步向为何协同、为何构建机制以及如何协同、如何构建机制等问题出发，探索"五位一体"协同振兴乡村教育机制的构建。

第一节　研究缘起

一、何谓乡村教育振兴研究

忽视"振兴"，会混淆乡村教育振兴研究与乡村教育或乡村教育发展研究，进而衍生出系列问题。乡村教育研究包含乡村教育振兴研究，但在乡村教育研

---

① 中共中央国务院关于实施乡村振兴战略的意见［EB/OL］.（2018－02－04）［2022－03－06］. http://www. gov. cn/zhengce/2018－02/04/content_5263807. htm.

② 政府工作报告［EB/OL］.（2018－03－05）［2022－03－06］. http://www. gov. cn/zhuanti/2018lh/2018zfgzbg/zfgzbg. htm.

③ 乡村振兴战略规划（2018—2022 年）［EB/OL］.（2018－09－26）［2022－03－06］. http://www. moa. gov. cn/ztzl/xczx/xczxzlgh/201811/t20181129_6163953. htm.

究中谈振兴，往往会让"振兴"这一主题迷失在乡村教育发展中。乡村教育发展与乡村教育振兴的区别在于：发展关注过程，而振兴关注结果与策略；发展更关注原因，振兴则关注目的，一个是原因论，一个是目的论。早期的乡村教育研究更多的是"乡村教育研究"或"乡村教育发展研究"，虽然对乡村教育振兴研究有非常重要的参考价值，但学界也逐渐意识到"发展"与"振兴"的逻辑不同。因此，国内的一些教育权威期刊选题指南逐渐引导研究者关注"振兴"。如《教育研究》在其征稿选题要点中着力强调"振兴"，2019 年有"乡村振兴背景下乡村教育发展研究"，2021 年有"乡村教育振兴研究"。国家乡村振兴局发布的系列课题，也逐渐开始引导学界研究从"发展"向"振兴"过渡。有共识，缺良策。学者们在乡村教育的现状及困境方面的研究已有一定的共识。如针对乡村教育的现状，有学者指出其存在边缘化问题、断裂化问题、现代化问题。边缘化问题首先指的是地理位置上的边缘化、乡村教师身份的边缘化，乡村教育也处于教育体系的边缘。断裂化问题指的是乡村教育逐渐远离乡村社会，面临结构上的断裂化问题。现代化问题指的是乡村教育是否现代化以及如何实现现代化的问题①。乡村教育存在的困境，如"普九"后遗症、课程改革、师资、本土文化等问题②，也是学者们的共识。然而，现有研究针对这些问题提出的应对策略多缺乏调研数据支撑，主要是个人经验的总结，给出的建议多从乡村学校发展的角度提出，缺乏有效性。

何谓乡村教育振兴研究呢？从词源来看，"振兴"表示"大力发展，使兴旺强盛"，将它的词义引申到乡村教育概念中，则是"大力发展乡村教育，使其兴旺强盛"。乡村教育振兴研究离不开对乡村教育问题与现状的认真审视，所以乡村教育发展的研究应当包含在乡村教育振兴研究中。又由于乡村教育振兴研究重在"振兴"而非"发展"或"乡村教育"，因此，以"振兴"为导向，探讨乡村教育发展策略的研究才是乡村教育振兴研究的要义所在。

综上所述，本书认为，乡村教育振兴研究应当是既不脱离又不主要讨论"发展"和"乡村教育"的研究，其主要内涵是围绕乡村教育振兴的策略与方法进行系统论述。依据这个思路，本书将"五位一体"协同振兴乡村教育机制研究分为八章，先对乡村教育及其发展进行介绍，再围绕提出的观点，分别对"五位"的角色和作用进行论述，最后形成机制模型。

---

① 李森，张鸿翼. 当代中国乡村教育研究［M］. 广州：广东教育出版社，2018：13—15.
② 李森，张鸿翼. 当代中国乡村教育研究［M］. 广州：广东教育出版社，2018：16—21.

二、为何协同？何种机制？

为何协同？乡村教育振兴问题不是某个个体或单位独自努力就能够实现的，这已是人们的共识。几乎所有研究乡村教育发展的学者都会在自己的文章中提到这一共识，但少有人系统论述究竟该如何协同。这也正好印证了本书此前指出的当前研究缺乏针对"振兴"而言的乡村教育振兴研究的看法。为何选择协同，为何要进行协同研究？这一方面是基于乡村教育振兴需要协同的普遍共识，另一方面是为目前乡村教育振兴研究中缺乏的协同路径研究提供思路。

何种机制？这里的机制主要是围绕协同机制提出的。现有研究缺乏针对协同路径的研究，针对系统的协同机制研究更是凤毛麟角。机制作为一种相对稳定的模式，具有一定的迁移性和借鉴性，对乡村教育振兴研究具有较大的学术意义和价值。至于协同实践过程中反映出来的系列问题，则需我们具体分析。

目前的状况是有协同思想，缺乏协同机制。国家发布的乡村振兴系列文件中的多处表述体现了协同思想，如《中共中央 国务院关于实施乡村振兴战略的意见》谈到"加强农村基层基础工作，构建乡村治理新体系"时，提出要"建立健全党委领导、政府负责、社会协同、公众参与、法治保障的现代乡村社会治理体制"；谈到"推进体制机制创新，强化乡村振兴制度性供给"时，提出要"着力增强改革的系统性、整体性、协同性"；谈到"完善党的农村工作领导体制机制"时，提出要"做好协同配合，形成乡村振兴工作合力"。《乡村振兴战略规划（2018—2022年）》谈到坚持乡村全面振兴的基本原则时，提出"注重协同性、关联性，整体部署，协调推进"；谈到激活农村创新创业活力时，提出"推进产学研合作，加强科研机构、高校、企业、返乡下乡人员等主体协同，推动农村创新创业群体更加多元"；谈到健全现代乡村治理体系时，提出"把夯实基层基础作为固本之策，建立健全党委领导、政府负责、社会协同、公众参与、法治保障的现代乡村社会治理体制，推动乡村组织振兴，打造充满活力、和谐有序的善治乡村"；谈到动员社会参与时，提出"搭建社会参与平台，加强组织动员，构建政府、市场、社会协同推进的乡村振兴参与机制"；谈到有序实现乡村振兴时，提出"加强主体、资源、政策和城乡协同发力，避免代替农民选择，引导农民摒弃'等靠要'思想，激发农村各类主体活力，激活乡村振兴内生动力，形成系统高效的运行机制"。然而，在实践探索过程中，由于协同理论并不成熟，在实践中经常会出现问题。

　　协同主体定位与功能不明晰。在协同合作中，集体利益的发展必然伴随着部分个人利益的让步，而协同能够成功进行的动力源在于，它能够围绕教学活动将协同主体的不同利益追求协调起来，从而使得各方的不同利益需要获得最大实现，不同单位也能够被整合起来，协同振兴乡村教育从来不是政府单方面的给予，而是五位主体（后文如无特别说明，"五位"所指均为政府、高校、城市名校、社会组织、乡村学校）共同努力的互惠过程。在建设"五位一体"协同体系的时候，必须要注意五位主体的定位与功能，充分发挥各方面的整合效能。

　　目前，乡村教育的协同振兴，对政府、高校、城市名校、社会机构、乡村学校五者的定位和功能尚不够明晰，也缺乏正式的协同组织和总体架构。现有的协同方式主要是乡村学校内部协同，或三、两主体之间的协同——如乡村学校与生产企业、政府之间的协同。协同主体间的定位、权责分工、协同流程和目标不清晰。综上而言，目前的协同振兴乡村教育实践，由于协同的主体较少，且各自的角色定位和功能不清晰，组织架构、流程和目标等系统性建设工作更无从着力构建。因此，从全面的角度来看协同振兴机制的构建，对影响乡村教育振兴的"五位"逐一进行研究，并在协同理论视域下讨论各自定位、功能等问题，显得尤为必要和亟须。

　　协同内容中乡土文化遭到遗忘。我国的传统文化教育是将城市、农村文明融为一体的教育，但到了近代，中国工业化、城市化加速发展，农村城镇化趋势越来越明显，大批的农业人口因进城打工而进入了都市，乡村地区呈现出老龄化和空心化的趋势，乡土知识受众逐渐下降，出现了城市挤、农村弱的现象，促使乡村教育进一步衰落。乡村教育的目的应该是提高个人的幸福感，而乡村教育内容也应该着眼于村民生活的地方①。相比于复制或单纯模仿城市基础教育，乡村教育必须有与之相对应的稳定内容。目前，在各主体的协作过程中——尤其是在城市名校与乡村学校的互动中，城市名校常有意或不自觉地将自身办学思想、风格和特色课程直接或间接移植到乡村学校中，使乡村学校成为城市名校的附属或"分校"，协作中乡村学校自身的乡土特色和文化遭到遗忘，甚至被丢弃。

　　协同过程缺乏交流与联动。"三通两平台"、智能化校园等平台建设给各主体的协同交流提供了便利和支持，然而，乡村学校因布局分散、规模小，硬件设施不足以及地理位置偏僻等问题，在跟高校、政府、城市名校的交流互动中

---

① 于海洪. 部分发达国家保障乡村教育发展的经验与启示［J］. 比较教育研究，2018，40（8）：32.

常会出现困难，而政府、高校、城市名校又受制度、协同意识和经验等因素的限制，逐渐形成各主体间虽然有各式各样的交流共享资源平台，但主体间的交流和联动却始终缺乏，并且无法向纵深发展的局面。

协同保障与评价未得到重视。目前对乡村学校的帮扶，主要是城市名校、社会组织、高校等主体采取的自发行为。教育综合改革的主要困境之一就是"相关部门的利益掣肘"，这是阻碍改革的主要源头，政府想要打破这一利益掣肘，就需要明确各部分的责任，并对其进行监督。因此，协同振兴乡村教育的顶层设计是非常重要的。然而，目前乡村教育振兴缺乏完善的顶层设计，还未形成在教育部的引导下，由当地教育行政部门主导，由高校、城市名校、社会企业和乡村学校多个部门共同参与的、完善的机制。乡村教育振兴的协同机制目前尚处初探阶段，且因国与国、地方与地方间的差异，可供借鉴的国际和地方实践经验较少；协同过程中的物质、制度、人员等方面缺乏应有的保障，也暂未发现有针对这些内容的相应的评价、激励机制。协同振兴乡村教育的保障和评价机制是个急迫的问题。从目前的探索来看，这一问题尚未得到应有的重视。

有协同，不系统。近年来，教育领域对协同理论的实践较多，如产学研合作协同、家园社区协同等。目前，协同理论在学校建设方面成效明显，但这类协同一般是政府与学校或社会与学校的双主体协同建设，协同参与主体较少且比较单一；建设内容主要集中在课程体系或学校某个层面的机制构建，如学校德育机制的构建；研究对象主要集中在城市学校和高校，针对乡村学校的协同研究目前尚未发现。综上可知，目前关于乡村教育振兴方面的研究，表现为协同主体少，协同内容单一，研究的对象主要是发达地方学校或城市学校与高校；以乡村学校为研究对象，多主体、多内容的系统协同研究较少。因此，我们认为目前的乡村教育振兴研究虽有协同思想，但缺乏系统的梳理和研究。

综上所述，本书将尝试探索构建"五位一体"协同振兴乡村教育机制。

第二节 研究对象及内容

一、乡村教育振兴

乡村教育是乡村社会的有机组成，厘清乡村教育的内涵、历史与现状是研究乡村教育振兴问题的基础。本书将乡村教育作为研究的主要对象，具体研究内容包括：乡村教育的概念界定，乡村教育的历史溯源等方面。乡村教育振兴问题是一个涵盖乡村学校的师资、教学、课程、管理等方面的振兴问题。

二、"五位"

"五位"是指政府、高校、城市名校（书中如无特别说明，均指城市中、小学名校）、社会组织以及乡村学校。"五位"在乡村教育振兴中扮演着不同的角色，具有不同的定位和功能，为了探讨和明确它们的功能，对既有研究和实践进行回顾是必要的。因此，本书对政府、高校、城市名校、社会组织以及乡村学校的研究内容涉及：政府在振兴乡村教育中的责任与原则、角色和功能以及地方政府的未来乡村教育振兴规划；高校在振兴乡村教育中的角色与功能，高校支持乡村教育振兴的现状；城市名校在振兴乡村教育中的角色与功能、实际探索、问题与反思；社会组织在振兴乡村教育中的角色与功能以及相应实践；乡村学校在振兴乡村教育中的角色及其对自身发展现状、问题的认识。

三、协同机制

本书中的协同机制是指政府、高校、城市名校、社会组织以及乡村学校在协同理论的基础上，根据各自的角色功能、资源优势，通过整合与协同最大化促进乡村教育振兴的稳定的运行机制。乡村教育振兴的协同机制，具有极大的社会效益，如：

政治效益。"五位一体"协同振兴乡村教育，有助于解决与广大乡村群众切身利益相关的子女受教育问题，为村民谋幸福，必将受到乡村群众的赞扬和欢迎。同时，振兴乡村教育有利于破除乡村教育落后面貌，让留在乡村的学生接受优质教育，这也是建设教育强国、彰显社会公平正义的重要任务。

经济效益。通常来说，农村家庭为使子女受到良好的基础教育，会送孩子到乡镇小学读书，需要承担高额的择校费、学费以及家庭生活费用；为了增加收入，农村青壮年剩余劳动力大部分在外打工，导致留守儿童、空巢老人现象成为社会问题。"五位一体"协同振兴乡村教育示范学校，将有效提升中国乡村学校的教育质量，提高广大乡村家庭对乡村义务教育的信心。子女就近入学能减少家庭经济负担，进而促进乡村外出务工人员回流，建设乡村，为乡村增加活力，促进乡村经济发展。

文化效益。中华优秀传统文化的基本思想、精神和道德，都植根于乡村社会，也源自乡土；乡村还保存了丰富而宝贵的文化遗产和传统民俗。然而，随着城镇化脚步加快，乡村文化逐步走向衰落。实施乡村振兴战略，振兴乡村文化是关键一环，而乡村文化振兴，需要教育的引领。"五位一体"协同打造乡村教育示范学校，提高乡村教育质量，能够留下学生，为实施乡村振兴战略培养人才；立足本土特色和资源开发校本课程，能够使留存下来的民风民俗和传统技艺得到传承、文化遗产得到保护，从而丰富与繁荣乡村传统文化，提升乡村精神风貌，激发乡村文明新气象；发展壮大乡村传统文化教育事业与产业，带动经济发展，提高乡村文明程度。

协同振兴乡村教育机制作为本书研究对象，它的具体内容包括：协同理论及其在乡村教育振兴中的意义；协同机制与"五位一体"协同契合（耦合）点研究，振兴乡村教育的"五位一体"协同机制建构。

第三节 研究设计与创新

一、研究思路（图1-1）

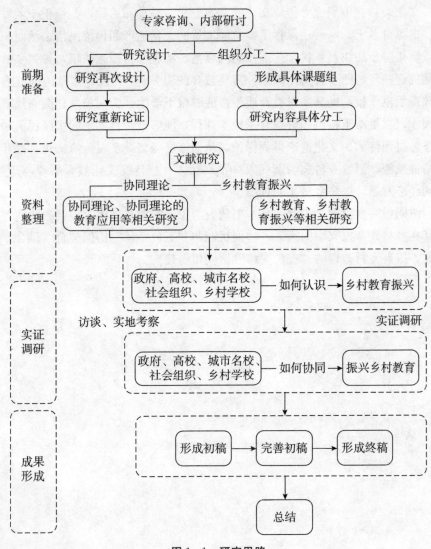

图1-1 研究思路

（一）前期准备阶段

通过专家咨询和内部研讨，对研究进行设计和论证，以确保研究的可行性和全面性。针对课题形成具体的课题组，明确各人内容分工。

（二）资料整理阶段

以"乡村教育振兴"和"协同理论"为主，收集和阅读与乡村教育、乡村教育振兴、协同理论及其应用等相关的研究。

（三）实证调研阶段

针对"如何认识"和"如何协同"问题，实地调研政府、高校、城市名校、社会组织、乡村学校，访谈相关人员，补充实践证据。

（四）成果形成阶段

整理相关材料，形成书稿初稿，完善并最终形成终稿。

二、研究方法

（一）文献法

对乡村教育、协同机制、乡村振兴等与本书主旨紧密相关的论文与著作展开系统的整理与研讨，综合把握学科前沿与动向。

（二）调查法

实地调研乡村学校、城市名校。对各主体在协同振兴乡村教育机制中的需求和意愿、能够提供的支持及其具体内容进行调查和针对性访谈，准确定位各主体的角色和功能，细化需求。

三、研究创新

学术思想创新：乡村教育振兴，不只是乡村学校或地方教育行政部门的事，必须是社会各方的协同行为，这种协同行为必定内蕴着合理的运行机制和有效的模式；这种机制和模式的有效辐射、推广和应用，能够为解决乡村教育现实问题提供实践借鉴。

学术观点创新：乡村教育振兴"五位一体"的协同观点，是与全面实现乡村振兴和教育改革实践紧密联系的，研究的开展过程实质上是国家政策、资源、方法、乡村教育教学改革实施的过程，同时，又是研究成果直接运用于乡村教育振兴的理论检验过程。

第二章 乡村教育的溯源与研究述评

各国乡村教育的演变轨迹，给乡村教育未来发展之路提供了借鉴。大部分西方国家乡村教育起步较早，在立法和政策保障、经费支持方面有较完善的体系，同时重视乡村基础教育课程改革，注重发展灵活和高质量的乡村职业技术教育，在促进经济发展、提高国民受教育水平等方面成效斐然。我国乡村教育发轫于西周至秦汉，从最初的官府垄断教育，发展为后期的私塾、社学、新式学堂等乡村教育机构，教育形式从"学在官府"演变为"文字下乡"。在 21 世纪的今天，乡村教育正朝着更加优质、公平与现代化的方向稳健发展。

乡村振兴须教育优先，教育兴则乡村兴，乡村教育是促进乡村振兴的强大力量，具有基础性、全局性作用。然而，在城乡二元结构调整、农业现代化加快发展的今天，乡村教育领域仍存在地理位置偏远、教师身份边缘化、优质资源配置不足、学科教学改革困难、制度建设不完善、规模效益低等现实难题。党和政府审时度势，科学提出"乡村振兴战略"，这既符合国家迈入教育强国的趋势，也满足了人民对公平优质教育的渴望。近年来，关于乡村教育的研究如火如荼，本书在对相关研究进行述评后，列举了乡村振兴背景下乡村教育的革新之处，同时结合实际，提出构建政府支持、家校合作、村校共治、社校互动和高校"智撑"的"五位一体"协同振兴乡村教育机制，使我国乡村教育重焕活力。

第一节 乡村教育概念界定

一、乡村和农村

乡村教育与农村教育这两个概念在学界常被混为一谈。辨析"乡村"与"农村"有利于界定乡村教育。

（一）权威辞书的解释

在《中国工具书网络出版总库》①搜索词条"乡村"，检索结果中有将"乡村"和"农村"概念混用的现象。如《中国大百科全书》（地理学卷）的界定为"居民以农业为经济活动基本内容的一类聚落的总称，也称农村"。《现代汉语大词典》上册的界定为"村庄，今泛指农村"。《当代汉语词典》的界定为"农村"。《中国百科大辞典》的界定为"又称'农村'。区别于城镇的一类居民点总称"。《新华汉语词典》的定义为"城市以外的地方；农村"。部分词典将其作为相对于城市的概念进行界定，如《中华法学大辞典：宪法学》的界定为"'城镇'的对称"。《现代地理科学词典》的界定为"系指城市以外、具有大面积的农田、草场或林地，并包括未开垦利用的荒地资源，居民点散布在广阔的田野里……"《现代汉语常用词词典》的界定为"城市以外主要从事农业的区域"。《现代汉语词典》对"乡村"的界定：主要从事农业、人口分布较城镇分散的地方。对"农村"的界定：以从事农业生产为主的劳动人民聚居的地方。

综上所述，不少辞书都认为"乡村"和"农村"语义内涵别无二致，有混用或互相补充的解释现象。这些辞书一种是将乡村作为相对于城市的空间区域来界定，另一种则是根据乡村的生产方式、基本特点来进行界定。

（二）学界的解释

大多数学者与权威词典给出的界定情况一致——常将两个概念不做区分，或作相对于城市的解释，如冯和法②、袁镜身③。此外，也有学者认为对乡村和农村两个概念应当有所区分。如温恒福认为"农村"的范畴大于"乡村"④。杜育红、杨小敏认为"乡村"一词的范围更广，"农村"更多地体现在产业关系上，而"乡村"则反映在与城市的关联上，含义比较丰富⑤。

（三）我国行政区域划分的解释

从行政区域划分来看，"乡村"的概念范围要大于"农村"。乡村是指城镇地区以外的其他地区，包括集镇和农村。

综上而言，"乡村"和"农村"这两个概念既有相同之处，也有差异。"乡

① 《中国工具书网络出版总库》是精准、权威、可信且持续更新的百科知识库，汇集了近200家知名出版社的3000余部工具书，类型多样，涵盖领域广泛。

② 冯和法. 农村社会学大纲［M］. 上海：黎明书局，1934：3.

③ 袁镜身. 当代中国乡村建设［M］. 北京：中国社会科学出版社，1987：1.

④ 温恒福. 农村教育的含义、性质与发展规律［J］. 教育探索，2005（1）：43.

⑤ 杜育红，杨小敏. 乡村振兴：作为战略支撑的乡村教育及其发展路径［J］. 华南师范大学学报（社会科学版），2018（2）：76.

村"这一概念包含着"农村","农村"也有"乡村"的内涵。两个概念中有较多重合共通部分，即均指与城镇相对的地域范围，产业结构以农业生产为主，人口分布较少或较分散。基于此，我们不对"乡村"和"农村"进行严格区分，在行文时统一采用"乡村"一词。为了尊重原作者，在引用其他学者文献时，仍保留"农村"字样。

二、乡村教育的界定

（一）乡村教育概念的界定

学者对乡村教育的界定也存在两种声音。一种如大多数工具书一样，将乡村教育和农村教育混用，都倾向于认为两者是相对于城市教育而言的，如王慧[①]。葛新斌认为，对农村教育的内涵，学界颇有争议，一般从空间的角度来理解，也有从类型和功能的角度出发解读。但他认为理解农村教育应当从二元社会的结构去理解[②]。范先佐在论述乡村教育时，也是联系二元社会结构来谈，认为实现教育现代化的短板在乡村[③]。另一种则认为乡村教育和农村教育存在一定区别，如郝文武提出，对乡村教育与农村教育的不同界定，对两者的财政投资、教师队伍构建以及教育振兴都有很大影响[④]。

综上所述，学者一般不将农村教育和乡村教育作特别区分，虽然有部分学者也认识到混淆两者会产生一些问题，但持这种观点的学者主要是就地区统计数据的准确性而言。

（二）乡村教育的内涵与外延

目前，针对乡村教育这一概念，有从区域划分（如县及县以下的区域）出发的"空间论"，有从农业人口服务对象（如以农村各年龄段人口为教育对象）出发的"人口论"或"服务论"，有从专业面向（如包括工、农、医、师等专业的部分大中专教育）出发的"对象论"。正本溯源，本研究认为乡村教育的语义重心应该是"教育"，"乡村"只是一个地理、功能或形式上的修饰，因此本研究从教育的"目的论"角度界定乡村教育。

要厘清乡村教育的内涵就必须明确教育是什么。一般认为，教育是有目的

---

① 王慧. 中国当代农村教育史论［M］. 北京：光明日报出版社，2014：2.
② 葛新斌. 关于我国农村教育发展路向的再探讨［J］. 中国农业大学学报（社会科学版），2015，32（1）：99.
③ 范先佐. 乡村教育发展的根本问题［J］. 华中师范大学学报（人文社会科学版），2015，54（5）：146.
④ 郝文武. 农村教育和乡村教育的界定及其数据意义［J］. 教育研究与实验，2019（3）：8.

地培养人的社会活动，推及乡村教育，教育对象便是乡村所在地的成员。我们认为，乡村教育的本质就是有目的地培养乡村所在地成员的社会活动。

但是，这样的界定过于泛化，我们可以对该定义要素进行细分。首先，我们应明确乡村教育的核心要义是培养人、发展人，为实现乡村现代化服务，具体表现为城乡资源均衡化、发展一体化；其次，教育对象应为乡村适龄青少年儿童，地理范畴限定在县级行政区划以下的广阔区域，包括乡镇和村落；最后，教育内容不仅包括已有的道德精神、课程知识、教育材料或教科书，还包括乡村文化符号、操作技术等特定的知识经验。因此，乡村教育就是主要发生在县级以下的乡镇和村落中，由教育者对乡村适龄青少年儿童有目的地进行理想信念、道德价值、学科知识、乡村文化符号的培养、浸润、影响，促进个人全面成长和乡村现代化的社会性活动。

乡村教育的外延可分为宏观、中观和微观三个层面①。宏观层面的乡村教育，是指面向乡村，以建立乡村、发展乡村、服务乡村为目的的全部教育。中观层面的乡村教育，是指学校在广大乡村区域开展，以广大乡村区域的学龄儿童和农业人员为重点培训对象的教育教学。微观层面的乡村教育，特指在乡村的学校教育。本文研究的乡村教育主要指研究微观层面的乡村教育，即乡村的学校教育。

综上所述，本书所指的乡村教育是指县级以下的乡镇和村落中的学校教育，是教育者对乡村适龄青少年儿童有目的地进行理想信念、道德价值、学科知识、乡村文化符号的培养、浸润、影响，促进个人全面成长和乡村现代化的社会性活动。

第二节　乡村教育的历史溯源

一、国外乡村教育经验借鉴

他山之石，可以攻玉。西方国家由于教育改革时间早、工业化程度高，且重视乡村教育，目前已经取得了较好的教育成果和经验。尽管各国乡村教育发展各有特色，但其改革经验仍具有普遍性，值得我国参考借鉴。

---

　　① 李森，汪建华. 我国乡村教育发展的历史脉络与现代启示 ［J］. 西南大学学报（社会科学版），2017，43（1）：61.

（一）通过立法和政策保证乡村教育发展

1785 年和 1787 年美国政府先后通过的《西北土地条例》和《西北土地法》标志着美国农村公共教育体系建设的开端①。2002 年 1 月，布什总统签发了《不让一个孩子掉队》法案，以激发学生潜能，推动城乡义务教育公平，提升义务教育发展质量。2015 年 12 月，奥巴马总统签署《每一个学生成功》法案，将联邦问责权力下放到各州各学区，允许乡村学校更灵活地利用联邦资金实施项目。英国 1967 年通过的《农业教育法》规定：农业院校的学生，应当是经过 11 年义务教育培训的学员。日本通过《学校教育法》《社会教育法》《义务教育费国库负担法》和《义务教育诸学校设施国库负担法》等法规，进一步加强了对乡村地区学校的经费和人员支持。

（二）政府提供乡村教育的经费支持

美国 2000 年签署的"农村教育成就项目"，是首个专门为农村基础教育学校提供资金支持和灵活政策的拨款保障法案，利用联邦资源来提高教学质量②。英格兰于 1649 年通过了开征教育税的方案：政府每年收取城镇居民 2 万英镑，支付给乡村教师或补充办校经费，此外另拨一些费用投入乡村文化教育事业。与此同时，发达的慈善事业也让不少企业家积极支持乡村教育建设，乡村教育的经费也被用来购置教学仪器、兴建校舍、聘用教师、发展职业教育等。日本也曾遇到过乡村小学生源严重短缺、优秀教师下不去和留不住等困难，但为了推动教育资源均衡，政府加强了中央财力对边远地区学校的扶持力度，1958 年修订了《偏远地区教育振兴法》，以促进城乡教育机会均等，承担山区、离岛地区学校校车、校船等交通工具的购买费，对边远地区学校设施建设给予补贴；制定了"偏远地区教师特别薪金制度"，以提高教师补助③。这些举措使得偏远地区学校的教育设施配置和城市别无二致，教师待遇也和大中城市教师几乎持平，甚至高于城市教师。而以教育闻名世界的芬兰更是实现了义务教育学生完全免费，城乡教育资源配置完全一样，连教材、学习资料、文具等都免费提供，对上学路程超过 5 公里的学生还提供交通补贴。

（三）重视乡村基础教育课程改革

为满足乡村发展需要，英国政府在全国开办了多个农业中学、技术和现代

---

① 王强. 美国农村普及教育的历史动因、特点及启示 [J]. 外国教育研究, 2007 (9): 1.
② 姚永强. 国外农村教育发展的经验借鉴 [M]. 北京：社会科学文献出版社, 2021: 219.
③ 曹斌. 乡村振兴的日本实践：背景、措施与启示 [J]. 中国农村经济, 2018 (8): 127.

中学、农业讲习班，学校里除开设传统专业外，也增设了营养科学、农业经济管理、植物药理等专业，以切实解决学生就业难题。1965 年，美国联邦政府、地方教育当局、合作教育服务社以及各农村学区实施了"儿童先行教育计划"，重点解决乡村中落后地区小学生和学龄前儿童受教育机会不平等问题①。另外，美国的 4H 俱乐部［头脑聪明（head）、心灵善良（heart）、手巧（hands）、体魄健康（health）］已发展成著名的教育活动，组织形态多种多样，已成为美国农业部和全国各级推广服务机关的一个分支，在面向青少年传播农业知识和开展有关农业科技活动方面卓有成效。丹麦农业国民小学对学校学习科目有主辅之分，主要规范考试科目全国统一，而辅考科目则因地制宜，教学课时数比较灵活，各地政府可以根据乡村地区学生实际开设相应的选修课程②。

（四）发展灵活和高质量的乡村职业技术教育

1917 年，美国的《史密斯－休斯方案》规定，中等农业职业教育为公办学校的必需项目。德国于 1969 年通过了《联邦职业教育法》，规定学员在职业学院接受文化理论教育时，必须与在公司进行的实际技术训练相结合（双元制），在取得相应合格证书后才能从事职业活动③。日本早在 1961 年就颁布了《农业基本法》，旨在保障农民及其家庭成员充分就业，为农业从业者提供教育和培训平台。目前，日本已经形成了以农业职业高中教育、农业继续教育、农业技术普及组织教育和国内外研修制度为一体的农村劳动力培训体系，为不同层次、不同需求的农村青年以及农业从业者铺筑了基石④。法国的乡村职业技术学校等级比较齐全，通常有普通小学毕业三年制、初级中学毕业两年制、初级中学毕业三年制、农校学生毕业两年制等学制。在实用主义思潮影响下，美国中学农业职业教育课程特别强调学生的实践活动，并形成了以理论知识教学为主，兼顾学生学以致用、实践体验与农学社团活动"三位一体"的教学方法⑤。加上多层次、多维度的农业职业教育送教下乡、技术培训等手段，美国农业教育形成了自己的特色并逐步迈入现代化。与此同时，英格兰院校也注重教学方法的实用性，英格兰乡村技术学校学生在入校后多采用"学习一年，实

① 赵卫. 美国农村教育发展、变革及其成因的历史考察［J］. 外国教育研究，1989（4）：48.

② 李少元. 农村教育论［M］. 南京：江苏教育出版社，2000：27.

③ 张子荣. 国外农村职业技术教育发展的经验及启示［J］. 继续教育研究，2008（5）：42.

④ 杜永红，金霞，刘洁. 日韩两国农村劳动力职业教育培训的质量保障及启示［J］. 湖北经济学院学报（人文社会科学版），2016，13（2）：71.

⑤ 王辉，刘冬. 美国农业职业教育与培训的经验与启示［J］. 中国人力资源开发，2014（1）：81.

习一年，学习一年"的"夹心面包"方式分段教育。可以看到，大力发展乡村职业教育已成为许多国家促进经济发展的重要举措。

二、国内乡村教育实践的历史演变

（一）古代乡村教育的实践演变

西周至秦汉是中国乡村教育的形成时期。春秋战国时期，以孔子为代表的儒家开启了我国私学的风潮，同时墨、道、法、名、农等学派百家争鸣、蔚为大观。几千年来，私学之风一直被后世的士绅圣贤继承和发扬光大，成就了源远流长的中国私塾传统。秦汉时期，乡村教育主要有蒙学教育、乡塾和精舍三种形式，分别以识字、学习经文、专经教育为主要内容[1]。

至隋唐时期，中国乡村的文化教育才进一步发展。唐代部分知名学者创办儒宫，并建立学馆，推动了中国古代乡村教育官学和私学的相互补充，并建立了比较完善的教育体系[2]。但这种私塾办学形式仍称不上是乡村教学，因为其不具备普及教育的公共意愿，并不是所有农民子弟能上私塾。

元、明、清时期是我国古代乡村教育由盛转衰直至瓦解的时期。元朝统治者为维护自己的统治，采用教化策略，开始在乡村开办社学以培养有教养的民众。元朝至元二十三年（1286 年），朝廷颁布诏书：每县所属村庄以五十户为一社，设社长一人，开办学校一所，择通晓经书者为教师，儿童在农闲时节入学。教学内容主要是四书五经、"教劝农桑为务"（《新元史》）。明朝洪武年间，各府各州邀请儒家先生为师，以教乡间子弟，社学发展到高潮。明朝弘治十七年（1504 年），朝廷再复明令各府州县开办社学，民间未满 15 岁的儿童送社学。清朝初年，社学在各地广泛建立。雍正元年（1723 年），义学逐渐代替了社学成为主要的教育形态。至清代末年，由于近代新式学堂的成立，中国古代乡村教学形态已逐渐式微。

（二）近代乡村教育的实践演变

清末民初，在以小农经济为主的广大乡村，一方面深受西洋传教士在我国设立的教会学校办学的影响，另一方面借鉴欧美等国的教育体系，陆续颁布了一系列章程以促进新学的发展，以国家力量推动"文字下乡"。"文字下乡"由费孝通先生率先在《乡土中国》一书中提出，用以描述我国农村的特殊现象。

① 李森，汪建华. 我国乡村教育发展的历史脉络与现代启示 [J]. 西南大学学报（社会科学版），2017，43（1）：63.

② 别必亮. 我国古代农村教育的历史透视 [J]. 教育与职业，1994（12）：19.

他还指出，中国社会从基层上看去是乡土性，在这基层上，有语言而无文字①。因为人民的生产经验可以直接通过口耳相传，文字传播似乎是多余的媒介。后来随着新学的渗入，国家为了掌握乡村"教化权"，第一次以学校形式合法地、强制地占据了村落②。

1902 年，清政府颁布"壬寅学制"，仅一年后又颁布了近代中国教育史上首个较完整的并在全国范围内施行的新学教育制度体系"癸卯学制"。这一在"中学为体，西学为用"指导思想下形成的学制颇具特色，并对后来的学制产生了深远影响。

1905 年，清廷宣布，所有乡试、会试全部中止，各省岁科乡试亦即中止，全国的科举制度也宣布废止。与此同时，清廷通过改造书院、利用庙产等方式举办新学③，"乡土中国"不断瓦解、破产。

国民政府一边整饬私塾，一边大力推动新式学堂的发展。尽管新学一定程度上推动了教学秩序的安定和教学品质的改善，但由于新学与农民生产生活脱节严重，没有考虑到不同地区的具体差异，反而造成了农村文化教育萎缩、农村识字率低下、乡村精英外流等一系列"意外后果"④。陶行知 1922 年就曾表示，自中国兴学以来，模仿泰西，学日本，取法于德国，近年又特生美国热，都不是很健全的发展趋向，学来学去总是三不像⑤。是故，新学也被时人称为"洋八股"⑥，甚至在多地激起了民众的怀疑、敌对情绪，进而发生毁学事件。因此，私塾在乡村地区仍占有重要地位，乡村教育在新学和旧学之间举步维艰。

中国共产党在领导中国人民推倒"三座大山"的同时，也开展了乡村教育的重要实践。1921 年，浙江萧山地区农民运动期间，中共党员沈玄庐创办衙前乡村小学，传播革命思想。1925 年，毛泽东在韶山开办了农民夜校，并建立农会。1931 年至 1934 年，苏区当局大力发展免费义务教育，大批工农子弟

① 费孝通. 乡土中国 生育制度 乡土重建 [M]. 北京：商务印书馆，2011：24.

② 李涛. "文字"何以"上移"？——中国乡村教育发展的社会学观察 [J]. 人文杂志，2015 (6)：123.

③ 熊春文. "文字上移"：20 世纪 90 年代末以来中国乡村教育的新趋向 [J]. 社会学研究，2009，24 (5)：118.

④ 姚荣. 从"嵌入"到"悬浮"：国家与社会视角下我国乡村教育变迁研究 [J]. 清华大学教育研究，2014，35 (4)：27—39.

⑤ 中央教育科学研究所. 陶行知教育文选 [M]. 北京：教育科学出版社，1981：18.

⑥ 吴洪成. 20 世纪二三十年代中国的乡村教育实验 [J]. 四川师范大学学报（社会科学版），2002 (5)：96—106.

踊跃入校，苏区地区学龄儿童入学率从原来的不到 10％提升到 60％，另外，成人教育和妇女教育也蔚然兴起，乡村学校规模扩大，乡村的文化教育空前发展[1]。与此同时，各革命根据地为推动新中国成立后乡村教育的转型，在乡村积极开展扫盲教育、职业教育、干部教育和社会教育。

（三）现代乡村教育的实践演变

新中国成立初期，全国人口约有 5.4 亿，文盲率高达 80％，乡村文盲率甚至超过 95％[2]。1950 年发布的《有关开展农民业余教育的指示》确定采取多种形式发展农村文化教育，标志着我国现代农村文化教育的开始。1958 年，党中央明确提出"教育必须为无产阶级政治服务，必须同生产劳动相结合"的教育方针。1964 年，国家明确了实施半工半读、半农半读的两个教育制度和两个劳动制度，农村出现了进一步发展半农半读义务教育的高潮[3]。文化大革命期间，乡村中小学管理权限下放，清理和下放乡村教师，乡村中小学数量急速增加。但"虚肿"的普及使绝大部分毕业生未达到应有的受教育程度，有些小学毕业生甚至还是半文盲[4]。1978 年后，政府调整乡村教育结构，我国乡村教育发展方向得以明确。1985 年，《中共中央关于教育体制改革的决定》颁布，提出"把发展基础教育的责任交给地方，有步骤地实行九年制义务教育"。1986 年《中华人民共和国义务教育法》出台，把九年制义务教育工作提高到了法律层次。1993 年《教育改革和发展纲要》明确提出，到 20 世纪末达到基本普及九年义务教育、初步扫除青壮年文盲的目标。

21 世纪，我国乡村教育面貌焕然一新。2001 年，国务院颁布《关于基础教育发展与改革的决定》，强调完善农村义务教育管理体制，在保障教师工资发放、校舍建设、刹住乱收费、调整农村学校布局、规范义务教育学制等方面提出了明确要求，旨在推动农村义务教育持续健康发展。同年，教育部印发《基础教育课程改革纲要（试行）》[5]，启动新中国成立以来的第八次基础教育

---

① 李少元. 我国农村教育的历史经验［C］//纪念《教育史研究》创刊二十周年论文集（6）——中国教师教育史、职业教育与成人教育史研究. ［出版者不详］，2009：1197.

② 黄兴胜，黄少成. 中国共产党成立百年践行教育公平的历程、成就与启示［J］. 清华大学教育研究，2021（4）：21.

③ 刘奉越，张天添. 中国共产党百年乡村教育发展历程、成就与展望［J］. 河北大学学报（哲学社会科学版），2021，46（4）：47—54.

④ 王慧. 最近 60 年农村教育发展评议［J］. 河北师范大学学报（教育科学版），2011，13（5）：5—10.

⑤ 教育部关于印发《基础教育课程改革纲要（试行）》的通知［EB/OL］. （2001—06—08）［2023—01—09］. http://www.moe.gov.cn/srcsite/A26/jcj_kcjcgh/200106/t20010608_167343.html.

课程改革，乡村教育迎来"全面推进素质教育"的发展机遇。为切实落实《义务教育法》要求，从 2008 年秋季学期开始，"两免一补"资助政策标志着"免费（义务）教育"时代的到来。2011 年 11 月，中国向世界庄严宣告"两基"战略任务（基本普及九年义务教育、基本扫除青壮年文盲）全面完成，解答了当今世界上总人口最多国的义务教育问题，为全球教育水平和人类社会发展做出了卓越贡献①。2014 年，《国家贫困地区儿童发展规划（2014—2020 年）》②部署了进一步促进贫困地区儿童发展工作。同时，中国也构建起了当今世界上最庞大的国民教育系统和最大覆盖面的学生援助体系，有力地把中国教育总体发展水平推向了全球前列。

21 世纪伊始，党和政府大力加强了对农村地区中小学师资的培养工作，如全国农村师资特岗规划、中国大学生志愿服务西部地区行动计划、国家"三支一扶"规划和全国农村学校教育硕士师资培训规划等，并开展了新一轮农村中小学师资培养计划和全国中小学校班主任培养计划工作，对数以百万计的乡村教师进行了培训教育③。同时调整乡村教育结构，大力发展职业教育与培训，促进乡村教育高质量发展。随着近年来乡村振兴战略系列规定的发布，我国乡村教育也随之发生了巨大的变化。乡村教育更加优质、公平、惠民与现代化，焕发出别样的活力。

第三节　目前我国乡村教育现状

关于我国乡村教育的现状，已有较多学者梳理了系列问题，形成了一定的共识。如李森认为，我国乡村教育正遭遇着边缘化、断裂化、现代化与离土化等复杂问题④。石珊珊认为，我国乡村教育目前存在农村基础教育资源比较薄弱、农村人口流失严重、基础教育投入少、基础教育课程设置不全、教育质量

---

① 中国普及九年义务教育和扫除青壮年文盲报告[EB/OL].（2012－09－11）[2023－01－11]. http://www.moe.gov.cn/jyb_xwfb/s5147/201209/t20120910_142013.html.
② 国务院办公厅关于印发国家贫困地区儿童发展规划（2014—2020 年）的通知[EB/OL].（2014－12－25）[2023－01－12]. http://www.moe.gov.cn/jyb_xwfb/s5147/201501/t20150116_183062.html.
③ 王慧. 最近 60 年农村教育发展评议[J]. 河北师范大学学报（教育科学版），2011，13（5）：8.
④ 李森. 新型城镇化进程中我国乡村教育可持续发展的现实困境与战略选择[J]. 西南大学学报（社会科学版），2015，41（4）：101.

较差及学生升学率较低、农村教师待遇较低及师资不稳定等问题①。王玉国则认为，我国乡村教育的现实困境是在走向城市取向的过程中，成为城市教育的翻版②。本书综合前人的观点，结合实地调研的结果，梳理出我国乡村教育的几点症结。

一、"文字上移"对乡村社会的影响

中国乡村教育经历了从"学在官府"到"文字下乡"再到"一村一校"的发展，这是中国奇迹，但也有一些问题。这种以行政力量推动"文字下乡"的局面在城镇化加快、城乡二元结构矛盾突出、国家经济转型的背景下开始趋于停滞，甚至出现了"文字上移"的现象。

所谓"文字上移"主要是指乡村"高中向城市集中、初中向城镇集中、小学向乡镇集中""农村人才被城镇虹吸""农村文化传承出现断代"等现象。2001年，国务院颁布《关于基础教育改革与发展的决定》，明确提出各地要"因地制宜调整农村义务教育学校布局。按照小学就近入学、初中相对集中、优化教育资源配置的原则，合理规划和调整学校布局。农村小学和教学点要在方便学生就近入学的前提下适当合并，在交通不便的地区仍需保留必要的教学点，防止因布局调整造成学生辍学"，"在有需要又有条件的地方，可举办寄宿制学校"③。2002年，国务院办公厅又颁布了《关于完善农村义务教育管理体制的通知》，要求"从实际出发，因地制宜，逐步调整农村中小学布局"④。至此，各地纷纷出台文件开启了乡村中小学撤点并校的结构调整。教育部统计⑤，乡村普通小学、乡村小学教学点⑥和乡村普通初中学校，2001年分别为

---

① 石珊珊. 振兴基础教育是推动乡村发展的良方［J］. 乡村振兴，2021（7）：86.
② 王玉国. 乡村教育的现实困境与未来之路［J］. 教育发展研究，2009（17）：49.
③ 国务院关于基础教育改革与发展的决定［EB/OL］.（2001－05－29）［2023－01－11］. http://www.moe.gov.cn/jyb_xxgk/gk_gbgg/moe_0/moe_7/moe_16/tnull_132.html.
④ 国务院办公厅关于完善农村义务教育管理体制的通知［EB/OL］.（2002－04－14）［2023－01－12］. http://www.gov.cn/govweb/gongbao/content/2002/content_61475.htm.
⑤ 数据来自教育部官网2001—2019年统计数据。
⑥ 乡村小学教学点是乡村教育的重要组成部分，因此不能忽视对小学教学点的统计研究。值得注意的是，乡村小学教学点数总体呈下降趋势，但是2012—2017年有短暂回升，这与2012年9月国务院颁布的《关于规范农村义务教育学校布局调整的意见》有密切联系。文件指出，农村义务教育学校进行布局调整和撤并后，"农村义务教育学校大幅减少，导致部分学生上学路途变远、交通安全隐患增加，学生家庭经济负担加重，并带来农村寄宿制学校不足、一些城镇学校班额过大等问题。有的地方在学校撤并过程中，由于规划方案不完善，操作程序不规范，保障措施不到位，影响了农村教育的健康发展"。因此要求"原则上每个乡镇都应设置初中，人口相对集中的村寨要设置村小学或教学点，人口稀少、地处偏远、交通不便的地方应保留或设置教学点"。

416198 所、110419 个、35023 所，到 2019 年底分别为 88631 所、84495 个、8743 所，减幅分别为 78.70％、23.48％、75.03％，详见表 2－1。全国平均每年约有 17 240 所乡村小学、1364 个小学教学点和 1383 所普通初中消失。农村小学布局的调整力度之大、涉及面之广、行动之快速，前所未有①。预计未来一段时间内，农村义务教育学校数量仍将持续减少。

表 2－1　2001—2021 年我国乡村普通小学数、小学教学点数和普通初中数统计表

年份	普通小学（所）	小学教学点（个）	普通初中（所）
2001	416198	110419	35023
2002	384004	112359	33155
2003	360366	105679	32588
2004	337318	98096	32713
2005	316791	92894	30524
2006	295052	87590	28664
2007	271584	83118	26124
2008	253041	77519	24558
2009	234157	70954	22921
2010	210894	65447	21311
2011	169045	60972	15112
2012	155008	62544	13713
2013	140328	73555	12777
2014	128703	78565	11896
2015	118381	81818	11134
2016	106403	86800	10324
2017	96052	90293	9506
2018	90603	88805	9043
2019	88631	84495	8743
2020	86085	79193	8515
2021	81547	83623	8105

① 万明钢. "文字上移"——渐行渐远的乡村教育 [J]. 教育科学研究，2010（7）：19.

应该说，"文字上移"是相对"文字下乡"而言的一种逆现象，随着2012年《国务院办公厅关于规范农村义务教育学校布局调整的意见》的颁布，这一逆现象暂宣终止。但是从表2-1的数据可以看到，撤点并校的余波尚未平息。"文字上移"给乡村教育带来的影响是巨大的，主要表现在以下几个方面。

（一）学校与乡村文化割裂

在村村有小学的时代，小学是一个村的教育中心和文化中心。学校对村民开放、资源共享，学校与乡村融为一体，发挥着教化、稳定乡民的政治功能和绵延乡土文明的文化功能。乡村教师多是本村人，他们不仅是知识的化身，具有德高望重的身份，还熟谙本村的人情世故、道德教益，发挥着调解纠纷、规制乡风民俗、凝聚集体的作用。耕读孝悌、长幼有序、邻里互助、民俗传统、山野童趣、田园诗意……各种乡土文化都给学生灵魂打上了鲜活的印记，学校和乡村构成了有机的文化生态群落[①]。琅琅书声伴随着农耕节气交替，人们日出而作日落而息，形成了一幅悠然自得的山水田园画卷。这种和谐的自然图景让人们对乡土产生了独特的情愫。

由本土民众独立生产、发展、共享和传播的知识系统，是本土民众进行独立自主与可持续发展的智慧基石与动力源泉[②]。随着乡村小学的撤并、城镇化的推进，学生到城镇上学后，乡村社会淳朴的民风民俗逐渐消失，学校的文化传承功能不断弱化甚至断层，农村独有的文化传承加速断代。

（二）青少年"离农"现象严重

乡村学校的教育通常更加功利化，给学生贴上"农村人低人一等"的标签，或灌输"只有读书才能有出路""鲤鱼跃'农'门"等功利思想，同时也促发学生对城镇的更多向往，"离农向城"的精神导向指引初高中学生要么通过升学考试逃离农村，要么"读不出来"毕业后就去大城市打工挣钱，还有部分学业成绩较差的学生存在"读书无用""读书不如打工"的厌学、逃学思想。农村"离农化""人口空巢化""结构空心化"现象日趋严重，校舍越来越好，配套设施越来越完善，但是学生没有了，乡村教育陷入困境。留下来的不少儿童因撤点并校，被迫到城镇上学或者是直接上寄宿学校，留在农村的时间越来

---

① 万明钢. "文字上移"——渐行渐远的乡村教育 [J]. 教育科学研究，2010 (7)：19.
② 石中英. 知识转型与教育改革 [M]. 北京：教育科学出版社，2001：327.

越少，渐渐成为乡村社会的"寄居者"或"异乡人"①。乡村孩子的自我认同感缺乏，青少年社会化过程和与社会环境的隔阂以及他们本土性知识匮乏、乡土情感淡漠和性格发展趋同等心理问题正悄然积累。随着离乡村的时间空间距离越来越远，许多青少年更不愿留在乡村。

但与此同时，一些过早步入社会的乡村青少年到大城市之后发现并不适应城市的生活节律。他们从事的工作技能简单，薪酬不高，居住条件不好等情形，让他们感觉得不到城市的认同，缺乏安全感与归属感，成为精神漂泊的游子，这一定程度上促成农村劳动力的巨大浪费。

（三）乡村孩子精神世界的缺失

随着留守儿童现象和电子产品的更新，不少乡村孩子放学后沉迷于手机、电视。一项针对电子游戏的调查发现，留守儿童和非留守儿童"每天玩 4～5 小时"的比例分别是 18.8％和 8.8％，"每天玩 6 小时以上"的占比分别是 18.8％和 8.2％②。可以说，乡村成为儿童（尤其是留守儿童）电子游戏成瘾的"重灾区"。父母亲情的缺位、祖父母的监管不力、同伴的示范与从众、学校教育的引导不足等都是导致乡村留守儿童热衷电子游戏现象的主要因素。老一辈不懂网络等新技术，加上爱子心切，对孩子的痴迷行为也就听之任之。在追求快速、刺激、便捷的电子产品面前，传统的道德教育、秩序规范、行为准则就显得落后。邻里间嬉戏打闹的童年被独自玩手机替代，乡村孩子与大自然亲密接触的天然童趣被电子产品无情击碎。正如玛格丽特·米德（Margaret Meed）提出的前喻文化时代③描述的一样，老一辈没能掌握最新的知识和技术，与年轻一代之间的代沟越来越多，长辈失去了传喻的价值。正是这样一种晚辈不介入乡村文化、长辈拥有丰富的乡土情怀却占据下风的状况，造成了乡村文明的失序，阻隔了乡村本土文化秩序的传承。乡村孩子的精神世界逐渐被

---

①　蔡志良，孔令新. 撤点并校运动背景下乡村教育的困境与出路［J］. 清华大学教育研究，2014，35（2）：115.

②　邱晨辉. 调查：中国二成青少年有电子游戏成瘾现象或风险［EB/OL］.（2018-07-02）［2023-01-13］. https://www.chinanews.com.cn/sh/2018/07-02/8553248.shtml.

③　玛格丽特·米德从文化传递的角度将文化分为后喻文化（Post-figurative Culture）、并喻文化（Co-figurative Culture）、前喻文化（Pre-figurative Culture）三种类型。在后喻文化中，社会变化迟缓，长辈是知识与经验的垄断者，晚辈必须向长辈学习。这种现象使得世代传承性变强，代际间难有突破创新。并喻文化也称为同喻文化，在该文化中，晚辈与长辈之间有了初步的代际冲突，但两者均向同辈中优秀的人学习，人们以该时代中流行的先进文化为行为范式来学习和传承。在前喻文化中，随着观念、技术等因素的革新，晚辈在很多方面超过长辈，彼此之间代沟越来越大。长辈失去了传喻的价值，只能向晚辈学习。

电子游戏、影视综艺等遮蔽。

（四）乡村学校的竞争力减弱

乡村优质生源主动向城镇流动使得不少乡村学校"无生可教""无课可上"。课题组在调研中发现，G市当地城区学校大规模扩招，优质生源大量择校，只要家庭经济条件许可，学生到邻县或外地私立学校就读成为普遍现象。家长、学生心中"以在城里读书为荣，以在乡村读书无光"的认识误区仍然存在。有些家庭甚至从幼儿园就开始择校入城，留在乡村学校的多是贫困生、留守生、特殊家庭孩子、底子薄以及行为习惯较差的学生。而现行乡村教育大多采取与城市学校相同的教材、教法、进度，而且偏重于传授应试知识，缺乏现代化乡村建设意识和技能的润育，致使大部分乡村学生只能成为少数尖子生的陪衬，丧失对学习的兴趣[①]。由此形成"因为乡村学校留不住学生和老师，所以学校越来越差；因为学校越来越差，所以乡村学校留不住学生和老师"的恶性循环，致使乡村学校竞争力严重受挫。

部分乡村学校内部的教师也是影响乡村学校竞争力的一个因素。学校既要求有文章发表，又缺乏专家指导，同时一些年龄较大的教师以自身能力不足为由敷衍了事，不接受新兴技术，当一天和尚撞一天钟，只求平静退休；一些教师应付了事，教学成绩难以和城镇学校的老师考评比较，乡村教学很难办出特色，进而声誉下降。

二、地理位置和教师身份边缘化

我国幅员辽阔，地形复杂。不少乡村地处深山高原、峡谷沟壑，地理位置制约着当地文化、教育、医疗等领域的发展。目前我国仍存在偏远荒僻的乡村学校或教学点，某种程度而言，这些乡村本是中国地理位置上的边缘，乡村教育更是边缘上的边缘。这种边缘化不仅指地理位置上，还体现为思想的封闭、与外界交流渠道的闭塞、与时代先进理念的脱节，甚至与当地乡民的联系也弱化了不少。无数的隔膜牢牢"罩遮"着乡村教育，看似在保护一个熟睡的婴儿，实际上是在抹杀它的活力、加速它的老化。

乡村学校地理位置的边缘化使乡村教育成本增加。计划生育政策实施以来，乡村学龄儿童人数不断下降，加之"80后""90后"对子女教育的重视，他们更愿意将子女送到城镇学校入学。因此，乡村学校（尤其是乡村小学）的

---

① 隆少秋. 中国农村系统发展研究 [M]. 广州：华南理工大学出版社，2008：49.

学生人数急剧下降，加上优质生源大量流失，乡村学校布局调整成为一个不可回避的现实问题。撤点并校一时成为常态，并延续至今：原来的"村居学校"逐步演变为一镇一所的"离土型"学校。城镇学校越办越大，看似优化了资源配置，但是却增加了边远地区学生上学的时间、距离，一系列现实问题扩大了城乡二元结构资源分布不均的窘境，加剧了社会不公。据统计，布局调整后，乡村学校服务半径增加，扩大至 10 多公里①。这就意味着学生得到更远的地方上学或直接住校。2012 年 21 世纪教育研究院在 10 个省的调查显示，农村小学生寄宿比例为 39.8%，初中生的比例达到 61.6%②。随之而来的是学生交通安全隐患增加，过早上寄宿制学校对学生身心的不利影响，合并后的学校人数过多带来的管理困难，校产处理、教师编制核定与富余教师安置等问题也是显而易见的。

乡村教师身份也被边缘化。乡村基础教育发展的关键在于乡村师资，正如陶行知先生所说，乡村师资也应该成为改变乡村生活的灵魂③。然而，受现代城市思维的影响，乡村教师已无法获得合理的身份认可，更不必谈乡村教师的自身效能感受、职业幸福问题了，这些都逐步造成了乡村教师身份的边缘化。加上乡村地区地理位置偏僻，经济落后、交通不便、医疗资源薄弱等客观因素，更直接导致优秀应届师范生不愿去边远山村。范先佐的调查显示，自2000 年以来，江西省某贫困县没有一名"211"学校毕业生，更不用说"985"学校的了④。即使留下来的年轻教师，大部分也会想方设法离开。李涛团队调研发现，农村教师岗位在大量年轻的乡村青年教师看来只是一个过渡，只要能进城，各种考试他们都会去参加⑤。

现实情况是，我国乡村学校数、生源数基数庞大，乡村学校生师比仍然较大，师资数量缺口同样巨大，结构性矛盾突出。据统计，截至 2017 年底，我国中小学教师约 1100 万人，其中乡村教师仅约 330 万人，占比 30%⑥。而当

---

① 刘云杉. "悬浮的孤岛"及其突围——再认识中国乡村教育 [J]. 苏州大学学报（教育科学版），2014, 2 (1)：14.

② 杨东平. 中国农村教育的现状及未来发展趋势 [R]. 第三届教育公益组织年会，2013 (11)：4—16.

③ 陶行知. 中国教育改造 [M]. 北京：商务印书馆，2014：72.

④ 范先佐. 乡村教育发展的根本问题 [J]. 华中师范大学学报（人文社会科学版），2015, 54 (5)：149.

⑤ 李涛. "文字"何以"上移"？——中国乡村教育发展的社会学观察 [J]. 人文杂志，2015 (6)：126.

⑥ 薛二勇. 加强乡村教师队伍建设，助力乡村振兴 [N]. 人民政协报，2017—11—08 (9).

前我国 34％的幼儿园、62％的小学和 32％的初中及其所有教学点都分布在乡村①。从以上数据可以窥见，我国乡村教师数量紧缺，年轻教师"下不去"，优秀人才"留不住"。在这种尴尬的情形下，乡村学校还得容忍一些不合格教师而不能使其退出。这直接导致乡村教师老龄化严重，英、音、体、美等学科教师远不能满足需求、一些乡村教师专业技能不足、代课教师大量存在等问题②。尽管我国陆续实施了"公费师范生""特岗计划"等政策，但对广大乡村地区来说仍是起步阶段，成效不显著，何况还有部分大学生宁愿毁约交钱也不愿去乡村教书。

三、深化学科教学改革困难，教师专业发展受限

首先，乡村小学一方面因为师资能力的不足，除出现一个教师同时承担多门课程或者几个年级课程任务的情形外，也存在美术、音乐等课程因缺专任教师而无法开齐开足的情况；另一方面，由于信息闭塞、观念落后，教师接触优质教育信息的机会不多，多用灌输式教学模式，甚至有出现教学重难点把握偏差、考试质量分析不到位、对中等生和后进生缺乏鼓励等情况，学科教学深化改革困难重重。

其次，青黄不接的结构性矛盾还表现为老教师职业倦怠现象严重。对 G 市一所乡村学校的调研结果显示，部分教师专业知识不强、教学能力偏低，因为有编制"护体"，缺活力与敬业精神，不认真备课、随意教学、应付检查、抱怨呻吟、小病大养等现象都有存在。教师群体中甚至出现个别"害群之马"，极大影响了学校的口碑和声誉。此外，李艳红等人的调查显示，不少乡村小学编制内教师安于现状，不愿改变教学观念和方法；而代课教师也是对自身专业发展不抱太大希望③。另有教师对自身认知存在偏差，自觉乡村教师身份低人一等，加上社会舆论引导不够，家人的不理解等，都进一步打击了教师教学的积极性。

再次，乡村学校忽视了乡村教育的特殊性，生搬硬套城市教育模式。我国乡村教育改革的进展是十分缓慢的，其原因之一就在于中国乡村义务教育改革

① 新华社. 切实落实乡村教师支持计划 开创教师队伍建设新局面[EB/OL]. (2016−09−07) [2023−01−11]. http://www.moe.gov.cn/jyb_xwfb/s6052/moe_838/201609/t20160908_280411. html.

② 范先佐. 乡村教育发展的根本问题 [J]. 华中师范大学学报（人文社会科学版），2015，54 (5)：151.

③ 李艳红，张力作. 西部乡村教师专业发展政策研究 [M]. 成都：西南交通大学出版社，2020：50.

仅仅简单模仿复刻了城市教育模式，而没有自身的特点，看似高效标准的教学模式其本质却是低标准的、离土化的"城市教育翻版"。地方性知识、民俗文化等已基本退出了乡村学生的教育生活①。在现代化背景下成长起来的乡村学生却脱离了乡村生活，逐渐失去对乡土文化的认同感和自豪感。傅葆琛直言：我们不可忘记，乡村小学是在一个乡村的环境里，为乡村儿童设立的学校。乡村小学有特殊的环境和特殊的受教人群，就应该有特殊的课程。乡村小学课程中的科目，不必处处都仿效城市②。

最后，近年来，国家大力重视乡村教师的专业发展，通过互联网上的各级培训、志愿者支教、专家亲临指导等措施帮助乡村教师提升教学理念。但是这些城里来的专家、教师往往不了解乡村实际，只是将城市那一套做法移植到乡村，于乡村学生这确实开阔了眼界，活跃了气氛，但是当城里专家一离开，乡村本真的一面就暴露出来了。乡村教师和学生一方面难以回到花样频出的新式课堂，另一方面又得正视升学的残酷现实。深化课堂教学改革并非一朝一夕即可完成，必须建立长效机制，持续发力。

四、相关制度建设不完善

制度建设是保持一个单位活力的重要力量，在单位治理中必须健全规章条款、依法治理、科学治理。但是，本调研组在对部分乡村学校的调研中发现，正是制度建设的不完善导致学校管理层工作很难铺开落实，不少问题已经暴露却无法解决。制度的不完善主要体现在制度陈旧缺乏修正和管理层面缺乏落实。如在对广汉市某中学校长的访谈中我们了解到，该校后勤标准工作量需要调整，但是却因触动了教师的切身利益，致使改革难以推进。管理层面缺乏落实的表现，如在意识形态问题上，目标认定、思想统一等方面认识不够；新教师发展管理上，存在每周例会工作汇报与总结等方面缺乏执行，教师参与度不高等困局。不完善的管理机制让一些教师产生职业倦怠或钻制度的空子、无心教学，教学质量参差不齐。

另外在校园文化建设方面也存在后劲不足的问题。这主要体现为如何挖掘当地特色文化、如何使之与学校办学相结合等问题。校园文化不鲜明自然形成不了独特的校园文化，得不到师生认同，强化不了学生的价值取向，也自然办不出特色，吸引不来优秀的教师和学生。

---

① 孟筱. 乡村振兴视域下乡村教育发展难题与破解之道 [J]. 人民论坛，2019（28）：74.

② 陈侠，傅启群. 傅葆琛教育论著选 [M]. 北京：人民教育出版社，1994：225.

五、乡村学校规模小、效益低

乡村学校规模小是指学校面积、教师和学生人数偏少。由于国家计划生育政策的推行，再加上现今培养子女的经济成本巨大，许多人都不愿意生二胎，造成了新生人口减少。加之撤点并校的持续推进，不少学生跟随父母到城镇、县市区入学，农村本地生源逐渐减少。保留下来的乡村教学点只有一栋两三层的教学楼，有些年级因人数太少而不能开设，有些年级学生过少，教师迫不得已以复式教学形式教学。在浙江省某村有只有两个学生的教学点，贵州省某村有只有1个学生的学校、福建省某小学也只有1个六年级学生……有些教学点只有低段年级，高段年级仍需要到更远的乡上、镇上就读。在感叹坚守在一线的教师们的教育情怀、教育责任外，我们更应该理性看待这一问题。这种"超级小班化教学"现象背后，是以高昂的教学成本和艰辛的教学条件为代价的，这样的规模效益是无法与城镇学校相比的，更是不利于学生身心发展的。

乡村学校效益低则主要是指教育质量较低，教师的教学效果和学生的学习成绩都有待提高。教师方面，由于地理位置偏僻、教学任务繁重、教师自身素质欠缺等条件限制，乡村教师没有很多外出学习、观摩比赛、参与教研活动、赛课以及培训的机会。相较城市教师而言，乡村教师的教育资源、机会等少了很多。在年轻教师下不去、优秀教师留不住的局面下，一些老教师难以更新教学理念，教学效果差强人意但却退不出去。学生方面，乡村学生的认知技能和非认知技能发展都与城市学生有较大差距。研究发现，城市学校毕业生的平均分数普遍超过了乡村学校，学生的差异现象也相当严重[①]。而乡村地区广泛存在的隔代抚养容易引发心理健康问题，不少乡村学生因此丧失学习兴趣。学习成绩落后和学习兴趣减弱的累积效应与非良性相互作用，使农村地区义务阶段教学受到了很大的挑战。

综上所述，城乡二元结构表现形式、地理位置差异、人们的"乡村落后"观念等因素导致我国乡村教育目前存在起点不公平、地区不公平等诸多问题。我们认为，目前我国乡村教育现状复杂，但整体向好。乡村教育问题的原因既有历史的，也有今天的；既有普遍性，又有独特性；既有内部因素，也有外部因素。所以，乡村教育是一个复杂的联结系统，需要依靠多元路径群策群力，培植多维协同机制，以求得乡村教育的最优解。

---

① 丁学森，邬志辉，薛春燕. 论我国乡村教育的潜藏性危机及其消解——基于在地化教育视角[J]. 教育研究与实验，2019（6）：20.

第四节　乡村教育相关研究述评

一、文献研究现状

截至 2021 年 7 月 30 日，笔者在中国知网（CNKI）以"乡村教育"为主题进行跨库精确检索，共检索到 13 703 个结果，其中中文文献 12 088 篇。同样，作为"乡村教育"相近词的"农村教育"也是不容忽视的，在中国知网以"农村教育"为主题词进行精确检索，共检索到 35 488 个结果，其中中文文献33 847 篇。据此我们可以得到最近 20 年这两个主题的发文量统计，如图 2-1所示。可以看出，最近几年关于乡村教育的相关研究呈稳步上升趋势，特别是从 2017 年起，党的十九大正式提出"乡村振兴战略"，随之相关文件出台，关于乡村教育的文章急剧增多，预计未来一段时间仍将高涨。而农村教育相关文献从 2002 年开始迅速增长，到 2007 年达到峰值，之后持续下降并趋于平稳，原因可能是随着"乡村教育"这一概念的广泛使用，"农村教育"的使用频率下降。和"乡村教育"一样，2017 年"乡村振兴战略"的提出也让"农村教育"发文量反弹。

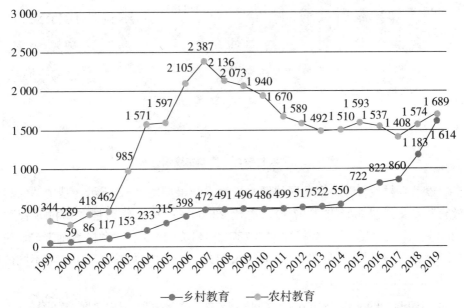

图 2-1　近 20 年以"乡村教育"和"农村教育"为主题的中文文献发文量趋势图

笔者在检索中还发现,不少学者对 20 世纪 20—30 年代兴起的乡村教育运动研究颇多。在中国知网以"乡村教育运动"为主题检索到相关文章 308 篇,不少学者专注于对黄炎培、梁漱溟、陶行知、晏阳初所领导的四大乡村建设运动的研究,以期从中获得对当今乡村振兴可资借鉴的内容。与此同时,学界还尝试用社会学、文化学、心理学、经济学等多学科理论来分析近现代乡村教育,且取得了阶段性成果①。

从发表的论文主题来看,以"农村教育"为主题词的发文量检索结果如图 2-2 所示。其中"农村教育"发文最多,有 1598 篇,占比 13.22%;其次分别是"乡村教育"1359 篇(11.77%)、"农村义务教育"641 篇(5.55%)、"农村教师"608 篇(5.27%)、"义务教育"541 篇(4.69%)。后面则集中在农村中小学教育改革与发展,包括远程教育、职业技术教育、社区教育等,此外"乡村振兴"和"乡村教师"也是研究热点。

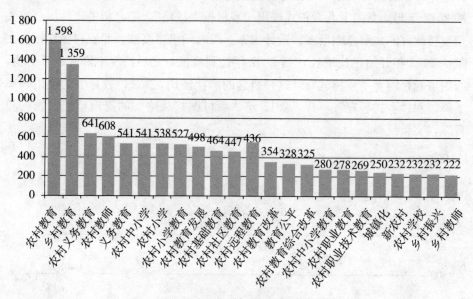

图 2-2　"农村教育"高频主题词分布图

以"乡村教育"为主题词的发文量检索结果如图 2-3 所示。其中"农村教育"发文量最多,有 1597 篇,占比 23.00%;其次分别是"乡村教育"1363 篇(19.63%)、"乡村振兴"737 篇(10.62%)、"乡村教师"538 篇(7.75%)、"乡村振兴战略"466 篇(6.71%)。与"农村教育"主题词不同的

---

① 许庆如. 中国近代乡村教育研究的回顾与展望[J]. 河北师范大学学报(教育科学版),2012,14(9):44.

是，"乡村教育"后面则更关注"乡村学校""乡村教师队伍""农村职业教育"等，此外城镇化、乡村文化和教育公平也是研究热点。值得关注的是，陶行知、梁漱溟和晏阳初三位教育家的名字以高频率出现在检索结果中，显示了三位对我国乡村教育的重要影响力。

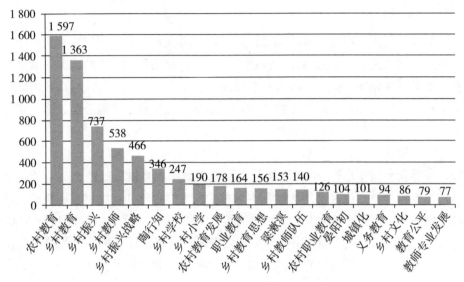

图 2-3　"乡村教育"高频主题词分布图

综合对比图 2-2 和图 2-3，我们可以将语义相近的主题词进行整合，如"乡村教育"和"农村教育"，聚类后可以得到以下几个大类："乡村教育""乡村振兴""乡村教师队伍""乡村职业教育""教育公平"。"乡村教育"是一个大的上位概念，我们对其不再赘述，只对"乡村振兴""乡村教师队伍""乡村职业教育""教育公平"进行述评。

二、研究热点趋势

（一）乡村教育振兴方面

首先，乡村教育振兴的理论研究主要集中在教育脱贫、城镇化、乡村文化和教育公平这几个领域。

1. 教育扶贫方面

有学者认为，政府首先要致力于优化乡村义务教育资源配置，然后要精准弥补乡村义务教育短板，最后就是注重并精准聚焦重点难点的问题，因校施策、因生施策，切实使所有贫困乡村学生都能享受到公平的有品质的义务教育[1]。也有专家指出，教育扶贫，一要分层次发展，助力农业人口分流；二要建立"三教"融通式教学，增强农业人口实力；三要提供方便有质量的教学服务，提高乡村社会吸引力[2]。

2. 城镇化方面

城镇化是指乡村人口持续向城镇集中的一种现象。在中国城市化大潮的冲击下，当前大批乡村剩余劳动力向都市集中，乡村适龄学生人数减少，义务教育阶段学校大幅减少，乡村教育日趋萎缩。有研究者指出，适应城市化与人口流动形势的最新要求、提高乡村基础教育品质、优化教学资源分配、适应多样化要求是新发展阶段乡村基础教育面对的最大挑战[3]。

鲁子箫认为，必须在撤点并校过程中进行校园布局调整，以优化乡村校园，发展新乡村小学[4]。张国霖强调乡村教育是"在乡村"的教育，不能脱离乡村搞乡村教育，国家必须为生存在乡村的广大青少年儿童提供基础性的文化教育服务[5]。张乐天则认为，乡村教育要实现现代化，就需要合理开发人才，将其分流到城镇并帮助其就业[6]。陈龙也指出，城镇化是乡村振兴战略的助推器，可以给农业发展提供更大的市场、更多的资金和更好的人才[7]。

3. 乡村文化方面

在乡村文化与文明被城乡二元结构瓦解的今天，学者陈时见等指出，对乡村社会的乡土意识逐渐淡薄，乡村教育中乡土元素的缺位负有不可推卸的责任[8]。刘铁芳认为，应重新确立乡村少年精神成人的目标，关注乡村少年的精神健康与人格生成[9]。杜尚荣等认为，要固本守根，帮助培养乡村孩子的文化自信和生存自信，建立本土的开放化的乡村教育，通过大力发展乡土课程和乡

---

① 戚万学，刘伟. 乡村教育振兴的内涵、价值与路径 [J]. 国家教育行政学院学报，2020 (6)：26.

② 秦玉友，张宗情，裴珊珊. 教育在促进农村发展中如何发力——2020年后教育扶贫对接教育促进乡村振兴的着力点与路径选择 [J]. 东北师大学报（哲学社会科学版），2021 (4)：72.

③ 李春玲. 新型城镇化与大流动环境下乡村教育发展的新征程及突破口 [J]. 探索与争鸣，2021 (4)：11.

④ 鲁子箫. 新型城镇化进程中乡村教育的困境与出路 [J]. 现代教育科学，2015 (4)：69.

⑤ 张国霖. 乡村教育是"在乡村"的教育 [J]. 基础教育，2018，15 (3)：1.

⑥ 张乐天. 重新解读农村教育 [J]. 教育发展研究，2003 (11)：22.

⑦ 陈龙. 新时代中国特色乡村振兴战略探究 [J]. 西北农林科技大学学报（社会科学版），2018，18 (3)：59.

⑧ 陈时见，胡娜. 新时代乡村教育振兴的现实困境与路径选择 [J]. 西南大学学报（社会科学版），2019，45 (3)：71.

⑨ 刘铁芳. 重新确立乡村教育的根本目标 [J]. 探索与争鸣，2008 (5)：57.

土教材等来实现教育全面发展①。李振峰认为，要实现乡村学校的教育文化振兴，一要改革教育决策机制，积极推动城乡义务教育均衡化；二要提高对乡村学校功能的认识，加强财政投入；三要改造乡村学校，完善传承机制②。

4. 教育公平方面

冯建军认为，资源分配是公平的起点，城乡教育的不公首先体现在资源的分配不公③。郝文武教授指出，要实现义务教育均衡和公平发展，就必须走出城乡教育的平衡发展、协调发展、错位发展之路，而教育公平就是教育现代化的基石④。文军等也认为，教育资源分配不均是社会不公平的体现⑤，基础教育资源城乡分配不均也就导致高中教育和高等教育的不公平。"寒门再难出贵子""读书无用论"等论调也反映出人们对教育公平的热切追求。

近年来，乡村振兴战略的提出为许多学者提供了实践导向，基于乡村振兴视角的教育实证研究如火如荼，蔚然成风。陶芳铭对 A 省 N 县的调研发现，美丽和谐、硬件齐备的乡村校园环境难以维持生源，乡村学校教师队伍的稳定性难以确保，乡村文化衰落，乡村文化生态出现危机⑥。范先佐结合调查认为，实现教育现代化的短板在乡村，而制约乡村教育发展的根本问题在教师，关键是提高教师待遇⑦。此外，还有不少取得建设性成果的典型乡村教育案例。如吉林省长春市农安县把全县 50 人以上的乡村小学建成"温馨村小"，实现几个邻村共享一个乡村小学优质资源⑧。又如在曾经的国家级贫困县湖南省泸溪县，教育被当作当地的"一号工程"⑨，在实施一系列大刀阔斧的改革举措后，当地破解了"穷财政如何办富教育"的难题，不仅留住了学生和优秀教师，还积极探索城乡教育均衡之路，取得了显著成效。

———————————

① 杜尚荣，刘芳. 乡村振兴战略下的乡村教育：内涵、逻辑与路径［J］. 现代教育管理，2019（9）：60.

② 李振峰. 城镇化背景下乡村学校复兴的文化学思考［J］. 基础教育，2018，15（2）：23.

③ 冯建军. 从同一性到差异性：重构乡村教育的正义之维［J］. 探索与争鸣，2021（4）：22.

④ 郝文武. 以城乡教育有特色融合发展促进乡村教育振兴和农村教育现代化［J］. 教育科学，2021，37（3）：2.

⑤ 文军，顾楚丹. 基础教育资源分配的城乡差异及其社会后果——基于中国教育统计数据的分析［J］. 华东师范大学学报（教育科学版），2017，35（2）：42.

⑥ 陶芳铭. 逃离与坚守：乡村教育的现实困境与路径选择——基于 A 省 N 县的调研［J］. 现代教育科学，2021（3）：3.

⑦ 范先佐. 乡村教育发展的根本问题［J］. 华中师范大学学报（人文社会科学版），2015，54（5）：146.

⑧ 田胜秀. 温馨. 村小：乡村教育振兴的"农安密码"［J］. 人民教育，2021（9）：28.

⑨ 李伦娥，阳锡叶，赖斯捷，等. 乡村教育振兴的县域探索——来自国家级贫困县泸溪的教育报告［J］. 人民教育，2019（19）：22.

（二）教师队伍建设方面

关于乡村教师的相关研究，大多按照"乡村教师的重要作用""乡村教师当前的困境""如何提升乡村教师地位或能力"的框架来进行论述。关于乡村教师当前的困境研究方面，陈波涌等对 H 省 39470 名乡村教师的调研结果认为，乡村教师队伍建设的结构性矛盾突出，专业素养需要提升，总体数量不足[①]。于铁夫认为，乡村教师面临经济收入低、社会地位不高、培训欠缺等现实困境[②]。王乐则专门从乡土文化角度切入，指出乡村教师有"三无"："无知"——课程体系与知识观张力下不完整的认识论；"无情"——身体与心理张力下不健全的价值论；"无能"——资源与技艺张力下不合理的方法论[③]。可见，乡村教师已从"文化传承人"没落为"边缘人"。

在如何提升乡村教师地位或能力方面，大家提出的方法虽各有不同，但也大同小异，如改善硬件条件，完善流动机制体制[④]、重塑乡土教育信仰[⑤]或者给乡村教师上职称、升待遇，提高乡村教师的社会地位等[⑥]。

（三）职业教育建设方面

长期以来，我国乡村教育结构单一，重基础教育而轻视职业教育。秦玉友等认为，提高乡村教育竞争力，促进乡村教育振兴必须"三教融合"，提升乡村普通教育的竞争力，提高职业教育的实效性和成人教育的针对性，建立"普职成"融通式教育[⑦]。孙莉指出，当前中国乡村职业教育正面临着办学定位迷茫、师资力量薄弱、人才供需结构不合理、教学制度不健全等困难[⑧]。马建富则特别强调，应完善城乡职业教育的共同体构建，着力城乡教学要素交流，形

---

① 陈波涌，李婷. 如何稳定乡村教师队伍——基于对 H 省 39 470 名乡村教师的调研 [J]. 湖南师范大学教育科学学报，2021，20（4）：75.

② 于铁夫. 乡村教育振兴背景下乡村教师面临的困境与对策 [J]. 吉林省教育学院学报，2019，35（11）：44.

③ 王乐，孙瑞芳. 乡村振兴背景下乡村教师传承乡土文化的责任、困境与路向 [J]. 当代教师教育，2021，14（2）：26.

④ 蔡其勇，郑鸿颖，李学容. 新时代乡村教师队伍建设策略 [J]. 中国教育学刊，2018（12）：84.

⑤ 龙冠丞，张瑞. 乡村教师教育信仰的回归 [J]. 教学与管理，2021（21）：5.

⑥ 党峥峥，李学农，马君诚，等.《乡村教师支持计划》支持下乡村教师职业幸福感建构 [J]. 西北成人教育学院学报，2021（4）：95.

⑦ 秦玉友，张宗倩，裴珊珊. 教育在促进农村发展中如何发力——2020 年后教育扶贫对接教育促进乡村振兴的着力点与路径选择 [J]. 东北大学报（哲学社会科学版），2021（4）：73.

⑧ 孙莉. 乡村振兴战略下农村职业教育的改革与创新发展 [J]. 教育与职业，2018（13）：8.

成城乡融合的职业教育支持系统①。国家已颁布了一系列保障文件，打通了中职、高职和本科层次职业教育纵向贯通之路，实施"职业教育东西部协作计划"，加强技术技能人才的立体培养②。

（四）相关研究述评

乡村教育不仅是当前学界研究的热点，更是研究的重点，可见教育在乡村振兴中的巨大作用。总的来看，我们可以得出以下几点结论。

1. 借助职业教育实现乡村振兴从"输血"走向"造血"

乡村职业教育是提高乡村劳动生产率的重要手段，也是消除贫困的配套与合理选择③。在经济下行压力大的当今，实体制造业是复苏经济的命脉，也是国家的生存基石。这就意味着制造业的价值将越发凸显，对应的，对职业教育也必须予以高度重视。广袤的乡村作为职业教育发展的沃土，拥有良好的前景和天然优势，因此学者们寄希望于改进乡村职业教育，实现乡村振兴。

乡村职业教育使全国许多乡村实现了"职教一人，就业一人，脱贫一家"，有力地遏制了乡村贫困的代际转移现象，是目前见效快、效果突出的乡村振兴方法。但是，我们应该意识到，借助教育实现乡村振兴，不仅要物质方面的"输血"，还要发挥精神方面的"造血"功能，即转变以前学生的"等、靠、要"被动观念，不仅给学生"一碗水"，还要让学生自己"去找水"，最后自己成为水源"浇灌"他人。

如何"造血"呢？目前我国的乡村职业教育处于初期阶段，相关建设还不成熟，因此可以采取如下举措。首先，要加大宣传，扭转人们对职业技术教育的固有认知。其次，要健全法律法规体系，保障乡村职业教育的发展。学习美国、德国等发达国家的理念和做法，配套相应的乡村教育法律法规，同时建立和完善乡村职业教育的监督评估机制。再次，要加大经费投入，提供资金支持。最后，进行乡村职业教育课程改革。推行灵活弹性的学制，工学交替，将学生走读、教师走教和学生集中学习、分组学习、自主学习、生产经营有机结合④。同时强化教学管理，提高课堂教学效率，树立勤学乐学

---

① 马建富. 乡村振兴战略实现的职业教育机会与应对策略［J］. 中国职业技术教育，2018（18）：10.

② 目前学界研究多是关于农民的职业教育或高等职业技术教育，与本研究主题不符，因此本研究的职业教育特指中等职业技术教育。

③ 徐长发. 新乡村职业教育发展预期［M］. 北京：教育科学出版社，2006：31.

④ 张志增. 实施乡村振兴战略与改革发展农村职业教育［J］. 中国职业技术教育，2017（34）：123.

的学风，努力转变职业技术学校学生"学习不好""素质不高"等标签。开设与当地实际高度契合、与时俱进的专业或课程，注重理论与实践并重，满足农村建设技能型、复合型、创新型人才需要，促进乡村职业教育蓬勃发展。

2. 城镇化带来的教育公平思考——逃离与坚守

乡村是根，城市是树冠，没有根部的营养供给，树冠就不可能枝繁叶茂。城乡二元结构导致了教育二元结构。不少学者认为人们习惯用城市教育的标准评价乡村教育，"城市偏向"的朴素观念，消匿了乡村教育的独特性。

城镇化直接导致农村人口向都市大规模迁移，这似乎是一个国家现代化的必然进程。乡村学校因人口流失而被削弱甚至失去了教育价值，其"文化教育中心"地位也随之下降，有些乡村学校甚至成了乡村"孤岛"，与周遭环境格格不入。传统的功利性教育导向和地方身份认同危机又促使乡村青少年和乡村教师逃离乡村，成为城市文化的追求者，乡土文化被严重侵蚀割裂。因此，乡村振兴需要新一轮的"文字下乡""城市反哺"，我们的乡村教育导向应该从"离农"转变为"强农"，最终是要"为农"，积极探索乡村职业教育发展路径，从而培养能实现农业现代化的高素质技能人才。

近年来，不少学者提出转变城乡二元线性结构，推行城乡一体化或统筹城乡模式，推动在地化教育，加强青少年对当地文化的身份认同，强化个体、地方（社区）、学校之间的联结，建立城乡命运共同体，以此面对城镇化带来的严峻挑战。而城镇化对乡村教育资源配置的挑战，也涉及教育公平问题。发展乡村教育，让每个乡村孩子都能接受公平、有质量的教育，阻止贫困现象代际传递，是功在当代、利在千秋的大事，教育公平是社会正义的基本底线，触及每个国人的神经，因此，如何缩小城乡差距，让每个乡村孩子享受和城市孩子同等优质的教育资源，促进教育公平，应该成为我们不懈的追求。

人们还必须知道，目前中国的城市人口数量已经多于农村，城镇化加快已是时代发展不可否认的事实。优质资源向城镇集中，必然淘汰虚弱的乡村教育，并且资源集中也能优化乡村产业结构，节约政府办学成本，让城镇学校学生拥有更优秀的师资、更优质的硬件投入，同时促进城镇经济发展与文化繁荣。

3. 培育有乡土情结的教师队伍，推动乡村文化传承与发扬

国将兴，必贵师而重傅。乡村教师对乡村发展的重要意义不言而喻，只不过在中国实行乡村振兴战略、大步迈进乡村现代化的今天，乡村教师不应只是

教育者，更应是名副其实的建设者；乡村教师也不应只是传统意义上的知识拥有者，而要从社会地位上的"边缘人"转换成乡村文化的"传承者""守护者"，意味着要更多担负起推动乡村社会前进的重要职责。

目前我国乡村教师队伍建设问题多多，困难重重。从各学者的研究来看，问题大致可以归类为学校和教师两个层面。学校层面主要指乡村学校的客观条件差，如交通不便、住房条件差、医疗卫生条件差、资源平台少等；教师层面主要指乡村教师的社会地位低、待遇福利低、工作压力大、任务重等，加上城镇化步伐加快的影响，优秀的乡村教师流向城镇学校，年轻教师不愿意到乡村学校"受苦"，剩下的教师安于现状，于是乡村师资和生源都流失严重，撤点并校已成常态，形成了如图2-4所示的生存状况困局。

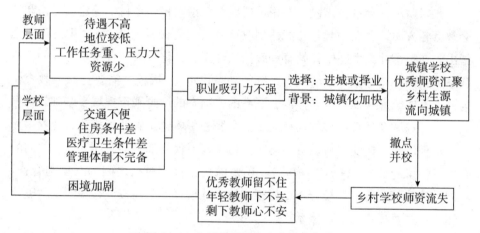

图2-4 乡村教师队伍生存状况困局

为破解这一困局，促进乡村文化的传承与发扬，首先，政府要改善客观条件，深化人事制度和工资分配制度改革，加大对乡村基础教育经费和资源投入，形成人才激励机制，并建立奖励约束的人才政策导向，切实提升乡村教师待遇，让教师愿意去、愿意教、安心教。其次，乡村教师需练好内功，奋发有为。教师的主观能动性是乡村教育稳健发展的内驱力。乡村教师一是要"善乡愁"：克服乡村文化和城市文化的阻隔，培育乡土情结，加强对乡土文化和职业的认同。只有对所处乡村的文化祛魅求真、悦纳信服，定位好自己的角色，才能提升职业幸福感，提升教学效果。二要"知乡情"：积极融入当地"朋友圈"，了解和睦乡邻关系，接纳尊重民风民俗，加强和家长的沟通，做好家校共育。三要"懂乡知"：乡村教师要强化专业技能，促进自身专业发展。积极发掘乡村文化教育中的教学资源，服务乡村学校，做好乡村课堂的研究和构建，让乡村文化走进课堂。

乡村文化是乡村儿童安身立命的精神家园，可以培养乡村孩子独特的文化个性，更有助于乡村文脉的延续创新。乡村教师作为教学活动的灵魂，要努力成为"善乡愁""知乡情""懂乡知"的新型知识分子，树立回归乡土的乡村教师文化形象。

乡村教育发挥着文化传承、切断贫穷传递、培养社会新民、推动经济增长、维稳乡村社会等功能，乡村教育一直被寄予厚望。不过我们也应该看到，中国乡村义务教育发展是一个艰巨和复杂的系统工程，必须以系统性、统整性原则为指引，吸纳并融合整个社区的力量，多元主体协同建设，以多渠道支撑学校发展。

张宗麟从社会本位出发，主张不能以教育论教育，乡村学校建设必须和社会教育各方面结合在一起，才能达到改革乡村的终极目的①。教育生态理论也指出，在整个社会生态中，教育和政治、经济、文化、人口各子系统间的互相联系，共同维持了整个社会生态系统的动态稳定②。因此，需要把城乡教育作为一个整体统筹规划，以整体的、联系的、动态的视野来审视城乡基础教育振兴，以促进城乡教育资源的均衡化、公共服务一体化、农业现代化，建立多元协同治理体系，构建乡村教育生态。乡村学校不仅要加强与政府、高校之间的合作（传统的"U-G-S"模式），还要深化家庭、村社之间的互动与合作，共同构建政府支持、家校合作、村校共治、社校互动和高校"智撑"的"五位一体"乡村教育协同治理体系。

首先，政府要充分发挥顶层优势、统筹规划，在政策、资金方面建立长效保障机制。

其次，要搞好家校共建。校长要做好家长的思想工作，使家长意识到乡村家庭教育是阻滞贫困代际传导的有效途径和促进乡村学生向上流动的天然阶梯③，以加强沟通交流，形成家校共育合力。村社邻里要全力配合乡村学校工作，提供政策、资金、场地等支持，积极营造健康、和谐、文明的社区环境，积极协同配合乡村学校进行安全教育、生命教育、环境教育等，营造积极向上的乡土文化样态。

最后，高等学校既可以为乡村学校提供智力支撑，体现高校的服务帮扶作

---

① 张沪. 张宗麟乡村教育论集 [M]. 长沙：湖南教育出版社，1987：27.
② 霍翠芳，王梓娇. 乡村学校教育生态现状及优化路径 [J]. 教学与管理，2020 (15)：45.
③ 戚万学，刘伟. 乡村教育振兴的内涵、价值与路径 [J]. 国家教育行政学院学报，2020 (6)：26.

用，也可以提升乡村学校的办学特色，实现共赢。当然，作为主体的乡村学校要主动发力，特别关注学生（尤其是留守儿童）的心理发展，关注和引导乡村青少年个性自由发展；利用乡村环境得天独厚的资源优势，挖掘本土文化，变革教学方式，探索"农教结合"模式，开发校本课程，提升学校办学质量，树立学校特色品牌，增强师生对当地的价值认同感和幸福感。

第三章　振兴乡村教育的政府主导

基础教育事业的建设关乎国家未来和民族前途，关乎家庭幸福和谐和学生健康成长。党和国家一直致力于发展公平而有质量的教育，加强和提升义务教育普及程度，同时推进发展幼儿教育和高中教育，并出台了很多重要文件，作出了一系列重大部署。通过政府和社会各界的努力，中国基础教育在现在阶段取得了举世瞩目的成就。但是，人民日益增长的对优质教育资源的追求和教育发展不充分不均衡之间的矛盾仍然存在，特别是乡村教育事业仍然面临亟待解决的问题和困境。

乡村教育是乡村社会公共服务供给的重要部分，被置于优先发展的地位。政府作为国家行政机关、国家权力机关的执行机关，是党和国家政策的践行者、推进者。整合优化教育行政部门的职能和资源，是促进城乡教育均衡化发展的必然举措。政府在乡村教育振兴系统内承担着顶层设计、制度保障、资源供给、统筹协调和评估验收等职责。

第一节　政府在乡村教育振兴中的责任与原则

发展教育是世界各国的共同目标和美好愿望。中国作为世界上最大的发展中国家，拥有最多的人口。国民整体素质的提升，综合国力的增强，关键是要发挥教育的力量。政府是基础公共服务事业的提供者、建设者，一直以来，发展教育都是中国政府的重要工作内容。在长期的教育事业发展实践和理论探索中，中国政府根据自身的经济社会发展水平，不断加强财政投入和人力保障，调整教育政策措施，积极探索教育发展的工作路径。经过数十年的奋斗，我国教育工作事业取得了令人瞩目的辉煌成绩。但是，城乡教育发展二元结构，城乡教育资源分配不均衡，仍然是当前中国教育现代化面临的问题。

乡村教育振兴的内容丰富、路径多样，涵盖乡村教育发展的重要意义、发展目标、基本原则、策略方法、运行机制和组织保障等多个方面和维度。乡村教育的发展是政府工作的重点，振兴乡村教育需要政府担负起基础设施建设、财政支持和教师队伍建设等责任，政府需要坚持党的领导、坚持教育优先发展、坚持因地制宜因校施策，坚持改革创新、完善体制机制等原则。

一、政府在乡村教育振兴中的责任

（一）基础设施保障

乡村具有村落自然分布的特点，一些偏远山区也散布着村落、农户。乡村经济基础薄弱，人口相对不集中，造成乡村学校规模小、设备不足、基础设施落后。乡村所处的环境存在地形地势不佳、交通不便、信息通信落后、医疗卫生条件差、娱乐资源缺乏等不足之处，这也是造成乡村教师"下不去，留不住"现象的突出因素之一。随着城镇化速度加快，乡村居民已经明显感知到城市的优势，越来越多的农村家长意识到优质教育资源对孩子成长和未来的重要性，进而到县城买房、租房，把子女送往城里上学。这一方面增加了乡村家庭的经济负担，另一方面也导致乡村学校大量的生源流失。

我国以往的学校布局规划是"村有小学，乡设初中，县办高中"。后来开展"撤点并校"，虽有一定成效，但也衍生出一些新问题，如留存的学校班额大超员，学生上学路程遥远，寄宿制学校食宿条件差，学生食宿和交通等生活费用大大增加。农村社会另外一个很明显的问题是留守孩子较多，年龄较小的孩子往往还需要由爷爷奶奶辈的监护人接送。

基础设施建设是振兴乡村的基本保障，做好对乡村建设项目的合理谋划，不断加强对乡村现代化基础设施的建设力度，是必然之举。学校也是中国乡村基础教育振兴的主体，政府应当根据当地学龄人口及其分布情况，合理规划学校布局，科学选址，确保校舍建设质量。通过新建、改建或扩建完善学校基础设施建设，比如操场、功能室、图书室、学生和教职工宿舍、食堂、厕所等设施，并配备相应的设备，如多媒体设备、书籍、运动器材、取暖设施。严格规范学校撤离和合并的程序和做法，还要重视解决因撤并学校导致部分学生"上学远，上学难"等突出问题，可以加强校车安全管理和寄宿制学校的建设等。

（二）优质师资保障

教育是国之大计，教师是教育之本。提升乡村教育质量的最基本工作必须是教师队伍建设，建立高素质的教师队伍才是提升乡村教育质量的根本出发点、重难点和落脚点。乡村地区的教师队伍建设主要面临三个问题。首先，教师总量不足。教师流失严重，加上后续补充不足，教师队伍不稳定。其次，师资力量不强。教师的学历层次偏低，部分学科教师结构性短缺，老龄化已成趋势。最后，教师的专业知识和技能匮乏，自我提升意识淡薄，职业倦怠严重。总的来说，目前乡村学校的教师队伍存在着数量不足、素质欠缺、结构不合理、师资不稳定等问题，原因主要有以下几点：相对于城市学校，农村学校的工作环境比较艰苦，设备设施保障不足，周边的生活、娱乐和医疗等基础设施也满足不了教师的需求；教师待遇偏低，留不住教师；管理观念落后，管理机制不健全，教职工的凝聚力、向心力不足；培训机制不健全，培训内容流于形式，不能助力教师专业成长；生源质量弱，教育质量提升慢，缺少教学成就感。

乡村教育发展的当务之急是建设一支下得去、留得下、教得好的教师队伍。要解决这个问题，首先，在教师补充方面，应当拓展乡村教师补充渠道，除公开招考招聘外，可以推广特岗教师计划、定向培养计划，推动城乡教师和校长交流，拓宽公费师范生教育、乡村教育硕士、支教、顶岗实习、教师返聘等其他补充途径[1]。为确保乡村小规模学校的教师资源稳定，应采用"动态入编"的师资编制调配管理模式，即按岗设编，解决乡村教师结构性失衡问题；还应形成一个集教职员工"准入退出—培训深造—提高待遇"于一身的人才保障体系[2]。

想要留住教师，一是要加大财政投入，改善乡村教师福利待遇和工作条件，给予乡村教师专项补助，采取绩效工资激励措施，给予乡村教师必要的生活条件支持，比如提供教师宿舍、教职工食堂、配备笔记本电脑、安装网络宽带等；二是要改进乡村学校编制管理；三是要落实乡村教师职称评聘倾斜政策；四是要建立乡村教师荣誉制度[3]。

在促进教师专业发展方面。首先，要加强对乡村教师专业发展的支持与服务。一是相关政策的倾斜和制度保障，使之更具人性化，更加适宜于、有利于促进乡村教师的专业发展。二是加强教师发展的资源保障。资源包括但不限于

① 周湘晖. 农村中小学教师补充问题研究 [D]. 长沙：湖南大学，2012：42.
② 张学敏，赖昀. 乡村振兴战略背景下小规模学校教师精准补充机制研究 [J]. 湖南师范大学教育科学学报，2019，18（6）：54.
③ 毛珊珊. 民族地区"乡村教师支持计划"政策执行的文化分析 [D]. 武汉：中南民族大学，2018：57.

促进教师专业理论知识和教育教学前沿资讯的获取途径、促进教师教育教学实践应用的资源和教师自主学习和学历提升的资源，以此提高教师的人文素养和教育教学专业素养。三是专家资源和名师指引，可以帮助乡村教师建构、更新知识体系，不断提升教师的专业素养。四是积极开展多层次、多样化的教工培训活动，例如"国培计划""骨干教师培训"。要注意城乡教师队伍发展需求的差异。一是要意识到城乡教师专业发展标准是有差异的，在培训方向、培训内容和培训方式上，乡村教师与城市教师应有所不同。二是促进乡村教师培训机构的变革和培训实效的提高，探索一条集教师培训、教育教学研究、信息化建设于一体的综合化路径，建设具有管理、研究、指导、培训、服务等功能的研训机构。乡村教师应该根据自身的现实状况，坚持通过更深入的校本研修来不断提升自身的综合素养和德育水平①。

（三）财政支持保障

政府的财政支持是乡村教育振兴各要素有效运行的重要保障，是有效实现乡村教育体系现代化建设的重要支柱。"目前农村教育的经费投入实行的是中央加大转移支付力度，省级政府统筹，以县为主的体制。各种教育经费的投入最终要通过县级政府落实。"② 由于我国经济发展水平存在较大的地域差异，当地政府的财政收入会限制教育经费的拨款，所以教育经费的投入在地区上也存在不均衡的现象。而且长期以来，教育资源向城市聚集的态势愈发严重，导致乡村教育经费的投入逐年下降。城乡教育不平等的主要原因是"城市偏向"的教育经费投入政策，这也直接造成了城乡教育质量的差异③。

需要发挥财政对振兴乡村教育的基础性和支柱性作用，完善现代乡村教育体系。乡村财政制度创新和实践创新，需要政府加快探索和推进建立健全乡村教育振兴战略财政投入的保障制度。政府财政制度和政策要更大力度地向乡村教育倾斜，确保财政投入与乡村教育振兴目标任务相适应。合理配置乡村教育经费，建立事权、责任和财力相适应的制度。教育经费投入要合理，科学编制预算，适当扩大财政支出公开范围，增强乡村教育经费用途的透明度，严格动态监督，坚持"花钱必问效、无效必问责"的原则。

---

① 王光雄. 乡村教师专业发展支持路径研究 [D]. 重庆：西南大学，2018：173.
② 杜育红，杨小敏. 乡村振兴：作为战略支撑的乡村教育及其发展路径 [J]. 华南师范大学学报（社会科学版），2018（2）：81.
③ 陈斌开，张鹏飞，杨汝岱. 政府教育投入、人力资本投资与中国城乡收入差距 [J]. 管理世界，2010（1）：42.

二、政府在乡村教育振兴中的工作原则

(一)坚持中国共产党的领导

从百废待兴的新中国到社会主义各项事业全面蓬勃发展的新时期,中国的教育工作事业在党的带领下飞跃式地蓬勃发展。党的坚强领导是我国乡村教育事业成功的先决条件。加强党内作风建设是教育发展的政治基石,党员干部是教育事业的战斗堡垒。在乡村教育振兴的新时期,我党始终将全心全意为人民服务作为党的根本政治立场,重点强调在教育事业中的政治纪律和组织纪律,扼杀腐败陋习对教育事业的侵蚀,强化在教育事业发展中的监督问责,突出党组织政治功能,引领改革思潮,发挥党员的先锋模范作用。

坚持党的领导,积极发挥各级党组织在乡村教育振兴工作中总揽全局、统筹各方的核心领导地位,健全组织体系,完善运行机制。在党的领导下,更好履行各级政府职责,凝聚全社会力量。各级政府在乡村教育振兴工作中的主体责任、主导作用表现在政策、组织、服务和投入上的主导,为乡村教育振兴提供强有力的政策制度保障,政府振兴乡村教育的路径要从"输血式"转化为"参与开发式"。

(二)坚持乡村教育事业优先发展

伴随着改革开放的不断深入,国内市场经济获得发展,中国社会开始出现新的面貌,社会逐步转型,城乡之间、不同的社会阶层之间出现严重的贫富差距。建成社会主义现代化强国,中国必须形成与经济、社会发展水平相适应的公平、合理、开放的社会阶层结构。相较于城市,乡村地区整体经济水平低,乡村人口可以通过教育提高自身科学文化和思想道德素质、劳动能力,从事经济收入较高的职业,从而实现社会阶层的流动,实现"知识改变命运"的理想。

把乡村教育振兴作为各级人民政府的共同意志和共同行动,在思想上要充分认识到教育事业发展对乡村振兴的重要性;在人才储备、政策支持、资源配置、资金投入等方面优先保障和满足,加快补齐乡村教育振兴事业的短板。

(三)坚持因地制宜和可持续发展

乡村教育相较于城市教育有其独特性和优势,不应该盲目地全盘学习、追赶城市教育。科学把握乡村教育的特殊性和发展趋势,在顶层设计上走特色的乡村教育发展之路,因势利导,因地制宜,切实做好乡村学校现状摸底调查,精准识别乡村学校的短板和积弱原因,精准分析乡村学校的需求,制定发展路径,分类施策,合理配套帮扶措施,切实做到对症下药、因校施策、个性规

划。政府要杜绝形式主义和面子工程，循序渐进，扎实推进。扶弱先扶志，乡村教育的振兴，需要激发乡村学校发展的内生动力，充分发挥乡村学校领导团队、教师队伍的主体作用，指导乡村学校将外部支持帮助与内部积极内驱动力相结合，组织乡村学校的领导干部、师生家长等相关者全程参与乡村教育振兴项目的设计、实施、监督和验收，增强人们对乡村学校振兴的积极性、主动性和创造性。乡村教育的发展，应当坚持新发展理念，实现可持续发展。乡村教育振兴，需要更多的有益探索，创新振兴模式，改革体制机制，走创新发展道路。地区、城市和校际教育发展不均衡、不协调是长期存在的社会问题，要破除乡村、城市教育发展的二元结构桎梏，国家政策、财政投入都要向乡村倾斜，推进城乡义务教育一体化发展，促进教育现代化。乡村教育振兴要注重发挥乡村的资源优势，尤其是乡土资源、生态资源的开发利用，助力乡村教育走优质特色发展道路。乡村教育的振兴，应秉持开放的态度，吸引诸如高等院校、城市名校和其他社会机构组织的力量共同参与到这项伟大事业中，内外联动，补齐短板，增强区域、城乡和学校间的资源共享，让更多的优质教育资源能够涌入乡村地区，带动乡村教育的发展。

（四）坚持改革创新和完善体制机制

政府要不断深化乡村教育改革，调动积极的社会力量参与乡村教育振兴，科技赋能乡村教育改革，人才汇聚助力乡村教育振兴。适应乡村教育振兴工作的新形势和新要求，树立问题意识，加大改革创新的力度，实现乡村教育工作由"粗放"向"精准"转变、由分散单一向整体多元转变，由"单向输血"向"协同参与"转变。乡村教育振兴是一项整体性、综合性、系统性的复杂工程，涉及政治、经济、文化、生态文明等重要方面，贯穿于社会发展的各个领域。在当前机制的基础上，要进一步厘清参与主体之间的关系和职权界限，协调主体之间的行动和节奏，实现缺位找补和资源有效利用，充分激发整体合力，实现最大效能。因此，政府要完善体制机制和组织管理体系，整合资源，协调各方利益诉求，制定发展规划，及时沟通调整各方行动，发挥联合机制的优势。

第二节　政府在乡村教育振兴中的角色与功能

改革开放至今，教育各项事业在获得令人们瞩目的成就的同时，也面临一系列的问题，其中城乡教育差距过大表现突出。"由于受城乡二元社会结构的制约，乡村人口处于相对不利的地位，未获得与城市居民同等程度的社会待遇，尤其是在教育方面，乡村教育更是处于不利地位。与城市教育相比，无论是硬件设施等资源配置，还是师资队伍等软件力量，乡村教育明显处于弱势地位。"① 城乡教育资源分配不均衡、教育质量差距过大已经成为社会焦点问题。社会公平的基础是教育公平，"全社会要共同促进教育公平，政府应有主责意识"②。乡村教育实现现代化是实现教育现代化的重要内容和途径。

一、政府在乡村教育振兴中的角色定位

（一）服务者

服务型政府是指基于公民意志成立，为人民服务和承担着服务责任的政府。在乡村教育振兴中，政府的角色即是服务者。首先，政府是基于社会主义的基本价值、宪法原则和中国共产党领导下的服务者；其次，政府是协助各主体通过正常程序和渠道参与乡村教育振兴，表达各自诉求和贡献各自力量的服务者；最后，政府是为乡村教育提供公共产品和公共服务的积极服务者。

（二）主导者

首先，振兴乡村教育，需要政府居于主体地位，并发挥主导作用，成为主导者。教育对培养高素质劳动人才、全面提高公民素养，促进经济发展、政治进步和文化繁荣等方面都具有直接的推动意义，也对全面建成小康社会、实现"两个一百年"伟大奋斗目标，以及促进社会主义新农村建设有着先导性、基础性和全局性的重要意义。其次，任何改革和发展都会涉及多方利益，教育的公共性质决定了政府必须起主导作用，因为"只有国家能够在最大程度代表公共利益，从整体上协调各社会群体利益"③。最后，在乡村教育振兴的过程中，除了政府，还需要其他主体加入。在某些专业的领域，需要有更具有专业资质和资源的主体发挥其优势和特长，各大主体之间取长补短，形成合力，共同推动教育发展。不同的主体，因其目标和利益多种多样，在协同过程中不可避免会产生对立、冲突，这就需要一个主体站在高处进行计划、引导、协调和控制。振兴乡村教育是一个整体性、系统性的工程，光靠学校和政府是低效的，政府必须发挥主导作用，组织市场力量、社会力量参与，以形成政府主导、多

---

① 李森，崔友兴. 社会变迁中的乡村教育［M］. 福州：福建教育出版社，2017：2.
② 国家中长期教育改革和发展规划纲要（2010—2020 年）［EB/OL］.（2010—07—29）［2020—10—11］. http://www.moe.gov.cn/srcsite/A01/s7048/201007/t20100729_171904.html.
③ 阎亚军，祝怀新. 试论我国基础教育改革的国家逻辑［J］. 教育发展研究，2020，40（Z2）：8.

元参与的协同模式。因此，政府不仅要作为"服务者"，在振兴乡村教育的事业中，始终秉持为人民服务的宗旨和对人民负责的工作原则，广泛充分地了解乡村学校、教师、家长和学生对当前教育现状的看法和利益诉求，改变大包大揽、全面干预的行政管理模式，实现权力下放，激发学校内部成员的教育热情和教育自觉，引导学校正视自身实际，正确定位；更要作为"主导者"，协调乡村教育利益相关者的需求，从供给导向转变为需求导向，满足乡村居民最真实最迫切的教育需求，在整合乡村资源与优势、走适合乡村教育发展的路线上发挥主导作用。

二、政府在乡村教育振兴中的功能与作用

陶行知先生说过，"活的教育，不是教育界或任何团体单独办得成功的，我们要有一个大规模联合，才能希望成功"[①]。这种"联合"即协同共建，整合所需社会资源，实现强强联合，优势互补。各参与要素根据各自的能力和资源，以最合适的身份和最优质的状态参与到协同机制中，让各要素充分整合，同频共振。在这一过程中，要发现和挖掘各主体所具有的优势潜能和特长特点，让其充当相应的角色，哪方有优势就由哪方来占位补位。

乡村教育振兴是多主体系统参与、协同共建的过程，协同机制指向协同体系和协同能力的升级，涉及协同乡村教育振兴的方方面面。协同机制中最重要的是政府、高校、城市名校、社会机构、乡村学校等要素之间的权利和利益关系的合理安排，还有各主体的资源和功能优化配置问题。要达成振兴乡村教育的目标，就要改变传统的政府—学校这种主体较少且比较单一的模式，通过"缺位找补"，发挥政府的主导作用，实现多主体协同共建的有效衔接和良性互动的机制。政府在其中的功能与作用主要体现在以下四个方面。

（一）顶层设计，路径选择

在振兴乡村教育工作中，要发挥政府的主导优势和计划、组织、协调、控制能力，要为乡村学校的发展提供有力的政策支撑和财政保障。第一，政府应当主导乡村振兴的各项工作，特别是要从指导思想、基本原则、总体要求和战略布局等方面进行顶层的政策和制度安排。第二，要分类部署乡村教育振兴的总体要求，以乡村学校的软硬件设施建设为基础，以乡村教师补充及其专业素质提升为前提，以协同治理机制为支撑等进行部署，凸显政府规划引领、政策

---

① 陶行知. 中国教育改造［M］. 北京：商务印书馆，2014：11.

支撑和制度保障等主导作用。第三，乡村学校的教育质量是乡村教育水平的综合表现和提升基地，将打造乡村教育示范学校作为振兴乡村教育的出发点和落脚点，按照"先优带动后优"的方向进行推进，将示范学校的成功经验进行宣传推广，逐渐惠及其他学校。第四，为乡村教育振兴的各方面提供基本保障，如制度安排、人才供给、财政保障、统筹规划等，突出政府的保障作用。

（二）明确需求，伙伴选择

协同治理的过程是参与主体在利益诉求差异化的情况下，通过探求各主体的共同利益，通过平等协商、友好合作，各司其职，利用优势互补、缺位找补的合力，产生协同效应以构建多位一体的协同机制的过程。决定木桶能装多少水的是最短的木板。所以，参与协同机制的每个合作主体都至关重要。政府应该从"振兴乡村教育"这一目标出发，将目标进行细分，确定每一个目标的达成需要什么资源和能力，然后在众多的、潜在的合作伙伴中选择有意愿、有能力完成任务的合作主体。

（三）描述愿景，利益同构

有共同的愿景目标是合作的基础，目标不一致往往是激化内部矛盾、导致组织解体的重要因素。地方政府传统的工作模式，是把主要精力放到了对组织架构、活动过程以及人力资源的管理与监控上，这种依赖于上传下达和监管的模式极大地抑制了组织及成员的认同感、积极性和创造力。在协同机制中，愿景目标比管控更加重要。愿景，是指某个机构对自己长期发展的计划与终极目标的表述。一方面，愿景能在组织及成员做决策和陷入迷茫时提供路径指引。另一方面，愿景能够凝聚人心、鼓舞士气、激发潜能。不同主体的利益诉求不一样，很容易产生分歧。政府首先要向其他主体阐明协同机制将要实现的总体目标、能提供的共同价值、必须处理的共性问题以及各个主体在里面的角色，进而促使各主体的成员对问题有一致的认识，在愿景目标上能达成一致。"海纳百川，有容乃大"，政府以尊重不同主体的价值诉求为前提，使其在协同的过程中享有平等的地位，营造开放包容的对话环境，了解各方诉求，引导各主体达成共识，让合作伙伴明白自身利益与公共利益的一致性，明白在实现集体目标的同时，各主体个性化的需求也会得到满足。

（四）协同机制，制度保障

为了保证协同机制顺利运行，需要维持秩序。政府应当利用自身的行政权力，为协同治理建构完善的制度环境。制度要明确政府部门、高校、城市名校、乡村学校和社会机构等参与主体在协同机制中的职责和权力，只有明确了职权问题，各个主体才能在协同机制中找准位置，妥善处理关系。对于合作主体的准入条件、协作过程的监督考核、激励机制和保障措施等都需要在政策上作出规定。

（五）评估验收，加强监督

监督和评价是提高乡村教育资源效率和效益的有效方式，依据乡村教育的特征及相关标准，对振兴乡村教育的行动过程及效果进行动态评价和监督。监督评价的目的是督促各主体积极履行职责，提高行动过程效率，保证行动结果效益，最终达成目标。政府应首先制定明确、合理的考核目标；其次，要建构客观、科学、全面的考核指标体系；再次，对目标的实现过程及效果实行动态的考核和评价；最后，运用考评结果，提高协同机制的管理水平。

第三节 政府在乡村教育振兴中的未来发展

展望新时期乡村振兴背景下的乡村教育振兴，过去的成就是乡村教育发展的起点，问题与挑战仍然存在，政府要以此为切入点，改变乡村教育的面貌。我们既要大力肯定已取得的辉煌成就，更要把握好现状，进一步提高乡村教育的质量。虽然乡村教育振兴依旧面临系列挑战和难题，但也积累了很多成功经验，出现了一批值得借鉴的典型。我们要树立对乡村教育的信心，通过机制革新，精准发力。为了推进城乡义务教育一体化蓬勃发展，政府必须确定长期的目标任务，提供有力的组织保障，科学有序地规划实施。

第一，确定长期的目标任务。健全乡村教育振兴的制度框架和政策体系，提高国家教育经费保障水平，推动乡村中小学校的管理体制现代化；推动乡村幼儿教育、中小学教育和职业教育的质量进一步提升，逐步实现区域内校际资源合理分配，乡村学校基础设施、办学条件持续改善，加强信息化建设，城乡教育一体化发展格局初步形成。建好建强教师队伍，提高乡村教师工资待遇、生活补贴，拓宽乡村教师补充渠道，切实解决学科教师结构性失调、老龄化和教师专业发展支持不足等突出问题，打造一支业务能力强、思想觉悟高的乡村教师队伍。根据人口密度、地理环境、交通条件和生源变化的趋势，科学合理编制乡村中小学校布局计划，严格规范乡村中小学校撤并程序与行为，办好家门口的教育，保障学生就近入学的需求。打造乡村教育示范学校，辐射带动其他薄弱学校的建设，为乡村教育振兴探索出一批各具特色的振兴模式和经验。

第二，有力的组织保障。一是明确各方责任。明确乡村教育振兴的目标任务，把推进乡村义务教育优先发展、科学健康发展作为重要职责。完善领导负责制，强化和完善当地各级党委和人民政府对乡村教育事业振兴工程的管理，落实各方在乡村教育振兴中的主体责任。各地区依照主要的目标任务和总体战略规划，因地制宜制定地方的乡村教育规划或方案，加强政策措施的制定和优化配置公共资源。各级党政领导班子成员积极承担相应的责任，各部门要各司其职，密切配合，细化落实总体规划和指导意见。乡村教育振兴工作中的重大事项、重要问题、重要工作和群众关心的热点问题，经党组织研究及时解决。

二是加强人才储备，培养造就一支政治过硬、能力过硬和作风过硬的工作队伍，切实发挥党政干部在落实政策、落实部署、落实任务、落实要求等方面的核心引领作用，带领各方力量投身乡村教育振兴事业。

三是建立健全领导体制和决策机制，提高决策科学化水平，理论联系实际，深入探索乡村教育振兴的规律，对相关重要理论与实际问题都要积极深入研究，以推动中国乡村教育振兴走向科学、创新、可持续发展之路。

四是加强法治保障。完善乡村教育振兴相关法律法规，用法治方式保障和推进乡村教育振兴工作。在前景规划、财政分拨、责任划分、项目管理和监督管理等各方面，都要加强法制建设，建立健全标准体系，做到有法可依、有法必依。推进专题法治讲座，加强全员法制学习，参与乡村教育振兴的组织机构和个人都必须遵守相关的法律法规。

五是引导社会参与。加大乡村教育公共事业领域的开放力度，搭建社会参与平台，将更多的社会主体吸引到乡村教育振兴事业中来。加强宣传，出台更多的乡村教育振兴相关政策和给予更多的优惠条件。创新多主体协同参与机制，发挥教育行政部门、教科院、工会、共青团、妇联等群团组织的优势和力量，构建政府、高校、乡村学校协同推进的乡村振兴参与机制，继续深化"放管服"改革，鼓励社会组织机构、城市名校投入乡村教育，为乡村教育振兴提供综合性的解决方案，凝聚乡村教育振兴的强大合力。

六是切实加强评估和激励。加强对乡村教育振兴战略实施的动态监测，强化工作成效评估，切实使乡村教育振兴工作精准、科学、高效、客观。各级党委和政府及有关部门应当明确各自的主体责任和工作进程，将规划实施的成效纳入有关领导干部的年度考核内容，确保乡村教育振兴工作的各项目标任务稳步推进，保质保量。对实施不到位、成效不明显的，要追究相关负责人责任。建立健全激励机制，通过奖励、补贴、荣誉表彰、税收优惠和购买服务等方式，调动各主体的积极性，制定完善相关的政策措施和管理办法，引导其他社会群团组织积极投入乡村教育振兴事业。

第三，科学的规划实施。乡村教育振兴任务的完成需要长期的、艰苦的奋斗，不能急功近利、搞面子工程。顶层设计上要统筹谋划，任务落实上要有序推进，组织运转上要注重协同治理。

聚焦核心问题。乡村教育振兴，要重点关注乡村学校的基础建设、师资问题和教育观念转变，加快补齐教育现代化的薄弱环节和短板。统筹规划乡村学校和教学点的合理布局，进一步完善寄宿制校园建设，完备基础设施，不照搬城市学校模式，鼓励乡村学校走小规模、特色化发展路线。拓宽乡村师资补充途径，提高乡村教师薪酬，统筹城乡教师编制规范、职称认定与聘用，促进城市优秀教师向乡村学校流动，以乡村教师可持续发展助力乡村教育振兴。采取资金支持、人才配备、政策调整等较全面的举措，保障城乡居民可以公平获得义务教育的基本权益，以促进城乡义务教育蓬勃发展，缩短城乡义务教育发展差异，提高乡村居民对乡村教育的信心和对孩子教育的重视。

统筹规划，分步实施。把握乡村教育振兴的关键问题和主要矛盾，确定战略目标、主要任务、重大举措和项目等，各级各类政府有关部门根据本区域的实际情况，研究制定落实的方法和举措，合理设定阶段性目标任务和工作重点，稳步推进。抓紧推出切实的、操作性强的相关政策举措，加强制度保障。科学调配资源、政策，尊重乡村学校的主体地位，扩大乡村学校办学自主权，激发办学活力。

第四章　振兴乡村教育的高校引领

　　在新时代对教师队伍建设改革的高要求下，高校承担着师资输出、教师培训等重要责任，也承担着规范教师教育体系、支持教师专业发展等重要战略任务，加上高校自身也具备人力资源聚集、专业领域综合交叉发展的能力优势，因此在"五位一体"协同振兴乡村教育的过程中扮演着引领者的角色，在专业上引领乡村教育向着更科学、更优质的方向发展。近年来，在国家政策的支持下，为进一步提升高校的社会服务能力，扩大高校影响，许多高校积极参加教育扶贫治理。对于乡村教育而言，高校的引领作用主要表现为高校的"智撑"担当——可以解读为"人才输入"和"智力支持"。在人才输入上，一方面高校将培养出的、具有教育教学专业技能的优秀教师输入乡村学校，为学校提供高质量师资；另一方面高校也能提供优质的继续教育服务，拓宽教师职业成长渠道，实现教师的专业发展。智力支持主要表现为夯实理论基础的科学研究支撑行动。高校研究者充分运用丰富的理论积累，开展科学研究，传递先进的教育理念和管理理念，为学校解难题，谋出路，促发展。

　　虽然目前高校介入乡村教育振兴的案例不少，但从课题组的实地调研来看，如今乡村教育仍存在提质艰难、高校参与度低的状况。这种状况的表现之一是普遍存在的人才匮乏——首先是人才输入不足，其次是乡村学校培育的人才出现向城镇倒流的趋势；体现之二则是许多乡村学校由于自身条件限制，想尝试教学改革却无法找到适合自身的教育理念和管理理念，规划不足，对发展"求而不得"。人才输入不足主要是指，在"乡村即落后"的固有认知和既定思维的影响下，师范生极少会把乡村学校作为就业目标，进而扎根乡村教育；再加上原本的乡村教师积累了足够的教育教学经验、成长为优秀教师后，为了个人发展和生活条件改善往往会选择回到城镇，使原本就人员短缺的乡村学校更缺人才。对高校来说，乡村学校通常地处偏远，而高校普遍分布在经济较为发达的地区，二者存在地域上的分化，同时，基础教育建设本身就存在投入大、成效不明显的特点，高校在开展校地合作、加强社会服务力度时，选择乡村学校合作的可能性也低于城镇学校。高校的缺席令乡村学校在改革和发展时智力支撑不足，改革缺乏动力，发展进程缓慢。

由此看来，高校作为乡村教育振兴的"智撑"，增强与乡村学校的深入合作是符合乡村教育发展规律的，也是必要的。随着国家教育信息化进程的加速，高校一方面受益于优质教学资源的普及和资源共享；另一方面成为优质教学资源研发使用的中坚力量，在社会各个行业发挥着重要的作用。面对中国乡村教育振兴课题，高校如何主动服务，科学运用人才、智力等社会资源，在"五位一体"协同振兴乡村教育中发挥引领作用，建立更高效的"高校—乡村学校"的长效合作机制，实现共赢，需要从高校支持乡村教育的现状出发，深入分析高校在乡村教育中扮演的角色，理清高校在乡村教育振兴中发挥功能的途径，进而实现"研究—服务—发展"乡村教育的长效机制。

第一节 高校支持乡村教育振兴的现状

一、支持力度逐年增加

在乡村振兴战略的引领下，高校参与服务乡村振兴，坚持聚焦城乡融合一体化发展目标。高校振兴乡村教育的创新和尝试成为高校社会服务的重要课题，而服务的内容主要聚焦于乡村教师队伍建设，尤其注重教师的专业发展，促进教师队伍提质增效，助推乡村教育振兴，如"送培下乡""送培到县""短期置换"等。随着"国培计划""省培计划""市培计划"等由国家国培办主持、由当地院校共同承担的师资教育培养体制的逐步优化与健全，通过教师集中培养的形式带动学校优秀教学资源向农村区域流动的战略，已经对中国当前乡村教师建设形成了正面影响。

从教师培育培训项目的主办方来看，高校支持乡村教育振兴的重要方式即是介入教师队伍建设。教师培训项目数量的增加、内容的优化体现了高校支持力度的增加，对乡村教育的研究力度加大，研究成果的运用和转化会为乡村教育提档升级带来更多的活力和机遇。高校在"研究—服务—发展"乡村教育的过程中，支持者角色进一步强化。在为教育教学理论研究获取更丰富的研究对象、更多元的研究思路的同时，高校也必将带来更具乡村特色的教育教学理论成果，进一步反哺乡村教育和乡村教师，实现教育实践和理论研究的双赢。这是高校大力支持乡村教育的动力来源。

二、支持形式由单一向多元发展

近年来，中国高校在支持乡村教学的形式与方法上有所创新与发展。目前最常见的面向乡村师资机构的教师培训形式，大致分为外引型和内培型两种专项规划培养类型。外引型，例如"公费师范生行动计划""硕师行动计划""'三支一扶'计划"等，是由政府牵头领导，着眼于培育乡村新型教师的培训模式；内培型，可理解为乡村师资的职前培训与在职训练。但是，目前我国已经明确提出要建立健全乡村教师人才成长发展的综合支撑服务体系，这并非要求在推动师范类高等教育改革的同时发展高素质的乡村师资专门培养，而是要求建立职前与职后教育相互衔接，以发展优质高效的一体化乡村师资教育。可以说，高校未来为广大乡村教师专业发展的支撑服务可能向着更加多元化的教育形态和更加系统化的培训模式发展，目前的高校承办培训活动的单一线性教学模式，或将出现新的发展趋势。

三、高校支持尚处初级阶段

目前高校对乡村教学工作的主要支撑体系仍集中在教师教育方面，而基于国家教育中基层教学管理工作和教育学科发展的三层体系，即区县的中小学教育课程研究所、县乡级层面的中心小学教研组、县校级层面的教导处等方面的工作并不多。乡村教育支持服务结构发力的核心地区大多集中在教师教育所在区县，乡村学校在教学过程中主要扮演着参加者、协调者、承办者等重要角色，与区县的教师教育组织和社区其他组织共同合作，以地方政府教育管理机关的政策规定和计划为导向，作为被指导人开展教育工作。

在中国教育蓬勃发展的新形势下，更多的教育院校创新和摸索适应时代特点、城乡教学现状的统一师资培训教学模式，尝试把力量拓展至传统教师教育与现代教师队伍建设之外的领域，以力求更好地服务于区域教育，真正实现"研究—服务—发展"乡村教育。就目前的发展形势而言，在各地高校的教育支持体系中可以真正给乡村教师带来支持的力量还十分有限，并没有充分发挥出高校自身汇聚的人才与智力资源优势。同样地，针对高等教育支持体系的配套机制也有不足。应该说，除去我国最主要的国培项目外，各高等院校支持行为的碎片化特点比较突出，高校支持的构建亦处于一种初始探索的状态①。

第二节 高校在乡村教育振兴中的角色

近年来，随着《国家中长期教育改革和发展规划纲要（2010—2020 年)》对高校明确提出"增强社会服务能力"这一要求，各高校正不断推动"产学研用"融合，以促进先进科学技术的转移，并强化学生为经济社会发展服务的自主意识。因此，高校与社会各界的教育资源有了更深层次的合作与共享，并逐步探索更加高效和可持续的校地合作机制。高校向周边中小学辐射、开展校地合作以促进区域教育质量提升，成为其开展社会服务的重要途径。特别是高校成立的"附属学校"，不仅为高校毕业生提供了就业机会，也提升了区域内基础教育质量，更快达到了高校扩大学校品牌社会影响的目的。

随着中国乡村教育振兴战略的制定与深入，不少高校也逐渐意识到推动乡村教育高质量发展，是提高高校社会公共服务能力的重要途径，这已成为中国高等教育机构义不容辞的社会责任。那么，高校在乡村教育振兴中到底扮演着怎样的角色呢？从已有的高校与基础教育跨界合作的经验来看，高校首先应当是预备乡村教师的培育者，其次是在职乡村教师专业成长的助力者，更是乡村学校先进管理理念的探索者。

一、预备乡村教师的培育者

作为 21 世纪社会发展的人才摇篮，高校向各个行业不断输送着专业技术人才，也向教育行业输送了大量的师范生。提高乡村中小学师资质量的关键就是优秀毕业生留在乡村从教。但实际上，乡村教师的输入一直存在着"下不去"又"留不住"的现象。虽然日益成熟规范的师范生培养体系大大提升了师范生的专业技术水平，但是对于毕业生特别是师范毕业生的职业选择，现有的培养模式仍然关注不够。

客观上看，优秀毕业生选择到乡村任教面临着多重困境。由于政策支持不够，乡村学校编制紧张，到乡村任教承受着不亚于在城镇任教的入职压力；但是，也有研究表明，在经济越落后的地区，杰出的高校毕业生往往越

易受到当地传统观念的排斥①。这种排斥,一是体现在乡村学校在选人用人上受长期固化的观念影响,容易"任人唯亲",阻碍着优秀毕业生的到来和未来职业的提升;二是乡村对于高校毕业生到乡村任教抱着猜疑的态度,认为毕业生是被迫做出职业选择,是由于他们不优秀、不合格才会被城市"下放"到乡村学校来,这种僵化落后的观念在某种程度上影响着乡村学校对他们的认知、态度和工作安排,令其工作开展步履维艰。这是优秀毕业生到乡村任教的"难以去"。

主观上看,则是师范生的"不想去"。现今的乡村教育存在着几大现实问题:乡村教师待遇水平不高,生活设施设备条件差,教育教学软硬件不足,成长空间狭窄。刚踏入社会的毕业生对物质条件的需求也具有"经济人"的特性②,择业都带着趋利的一面,在生活与工作压力的双重夹击下,不少毕业生对乡村教师这一职业敬而远之,通常会选择各方面都更有优势的城市学校。从个人的专业技能上看,现有的师范生培养体系中,教师、学生都长期居住在城市,社会实践也会选择城市学校来开展,师范生积累的理论和实践经验更多地适用于城市学校的教育,当面临情况更为复杂的乡村学校时,他们会生出工作上的不适应感。为了避免这种工作中的陌生感,师范生择业时也会选择避开乡村学校。在大众的认识里,"乡村即落后",这种观念也会影响师范生的择业。社会中人们会把"乡村的"与"容易的"联系在一起,"城市的"与"有难度的"联系在一起③,令师范生认为乡村教师岗位不能实现自己的人生价值,这也是他们不愿意成为乡村教师的重要原因之一。

师范生在乡村学校中的"难以去",是因为乡村教师这一"职位社会吸引力不强、弥补途径不畅",它是一种结构性问题,需要政府和其他社会资源来改善;而师范生的"不想去",更多地需要高校在师范生培养的过程中实现积极引导。作为未来教师的摇篮,高校也在实现教育公平的过程中肩负重担,应当有"师范教育被赋予推动教师资源均衡的使命"④ 的认知,这是符合如今振兴乡村教育大势的,也是必然的。从高校的角度看,要做好"乡村教师的培育者",高校应当不断根据乡村教育发展重点更新人才培养目标,确保人才培养

① 邹东涛,乔根平. 为西部大开发创造宽松的人才环境——关于西部人才问题的对话 [J]. 中国人才,2000 (12):13.
② 付卫东. "乡村教师支持计划"三年 五大盲点待补 [N]. 中国青年报,2018-04-09 (10).
③ 李维,许佳宾,陈杰. 为什么优秀师范高校毕业生难以进入乡村学校 [J]. 现代教育管理,2020 (6):57.
④ 陆道坤,蒋叶红. 思想的混乱与发展的迷茫:对教师资格证制度改革背景下教师教育发展的思考 [J]. 湖北社会科学,2016 (10):164.

质量，对师范生的职业导向、专业能力等进行全方位的教育，真正令师范生树立对教师职业的认同感。在提升专业技能的同时，也锻炼师范生的职业适应能力，使他们在面对陌生多变的工作环境时能游刃有余，迅速建立起乡村教师的职业自信，在实现师范生人生价值的同时也给乡村教育注入鲜活力量。同时，高校也需要在毕业生就业政策、职业教育中树立关注乡村、走进乡村、助力乡村的价值引领，促进人才下沉，引领建设高素质乡村教师队伍，进一步夯实乡村教育的根基。

二、在职乡村教师的助力者

推动乡村教育振兴，关键是要着力于促进现有教师队伍的专业成长。因此，高校不仅要采用培育和输出优秀教师这样以"鱼"授之的阶段性措施，更为重要的是运用"授之以渔"的长效、持续方式。根据调研组的调研结果，现有的乡村教师队伍在年龄结构、学历结构、授课质量方面仍存在较大的提升空间。乡村教师的年龄及学历结构可以通过持续输入优秀毕业生，促进人才下沉，推动供给侧结构改善来优化提升。而优化现有教师队伍的授课质量，则需要依靠高校提供科学优质的教师继续教育，以及利用社会资源搭建多样的城乡教师交流平台。高校助力乡村师资的专业发展，促进乡村教师授课质量提高，一方面可以提高乡村教师的职业认同感与价值获得感，令教师"留下来"；另一方面则可以提高已有教师群体的自我认知，关注自身提质，进而增强乡村学校的人才本土培育能力，实现教师队伍的可持续发展，减小对人才输入的依赖。

（一）开展优质教师教育培训，提高教师业务水平

事实证明，师资培养是实现师范学科发展的重要途径。目前的师资培养面临着目标不确定、内容城市化等问题。浙江宁波探索了教师精准培训路径，在当地三年的实践过程中，乡村骨干教师队伍扩大，成长迅速，成效显著。浙江宁波的"三访三送"，结合乡村教育特点，以教师为主体，访乡镇中心学校、访基地学校、访国内著名高校，送教下乡、送研下乡、送师下乡[①]。这种培训模式不是教师被动地接受培训，而是强调教师将培训内容内化，实现二次输出。对于高校开展教师教育培训中存在的课程针对性弱、培训效果不明显、缺乏训后跟踪等问题，便可以借鉴"三访三送"的培训机制，进一步优化教师继

---

① 陆少颖，张红波．"三访三送"：乡村骨干教师精准培训新路径［J］．内蒙古师范大学学报（教育科学版），2020，33（6）：86－87．

续教育。

目前，乡村教育中的高校支持存在普及困难、脱离乡村、支持行为碎片化及后续评价机制缺失等系列问题[①]，造成这些问题的重要原因之一，是高校开展教师教育培训的系统性和针对性不足。针对这些弱点，首先高校要"访"，即转换角色，切实体验乡村教师的发展需求，明确乡村教师最迫切需要提升的技能是什么，精准设置培训内容，开展模块化教学，改变完全向城市看齐的"一刀切"做法。第二要"送"，即加强示范引领、研修带动，优秀的教师带给乡村学校先进的教学方法，优秀的科研团队推动乡村学校教师科研的开展。"访"与"送"是理论源于实践而用于实践的直接体现，是真正做到教师教育培训"实际、实用、实效"[②]的主要途径。教师培训课程的构建需要有"1+1＞2"的认识，一是扎根基础，即作为教师应当具备的专业技术能力，如普通话、现代教育技术、教育教学经验等；二是发掘乡土文化，即教师需要具备从现有的乡土文化中发现优质特色的课程资源，构建学校特色校本课程体系的能力。只有将两者结合，乡村教师才既能较好地完成教育教学任务，才能在乡土文化传承中找到职业成就感，真正地热爱乡村教育，全力投身乡村教育事业，带动形成乡村学校的特色发展理念，走特色发展的道路。

（二）搭建城乡教师交流平台，实现优秀教师专业引领

根据课题组调研，城乡教育在师资上始终呈现为不平衡的状态。高校除开发优质的教师继续教育课程外，更应当将目光放在整个乡村教师群体上，搭建城乡教师交流平台，以优秀教师实现对乡村学校的专业引领。高校不只孕育着大量人才，校内专家带来的大量资源也令高校成为汇聚各行业顶尖资源的平台。高校能够凭借教育专家巨大的行业影响，发挥专业引领作用，吸引不同地区、不同层次乡村学校的教师齐聚一堂，定期开展教育理念、授课方法、教学设计、课程安排等方面的交流研讨，形成城乡教师的学习共同体，获取教师持续发展的动力[③]，助力乡村教师专业成长，缩小城乡师资的差异。

城乡教师交流平台的搭建，受益者不仅是乡村教师，城市教师也能从中受益。这种交流的作用是双向的，两类教师由于工作环境、教育教学对象不同，

① 黄可馨. 新时代乡村教师专业发展的高校支持策略研究［D］. 长沙：湖南师范大学，2020：30—42.

② 段玉琴，郝利. 乡村振兴基层人才教育培训模式研究与实践［J］. 继续教育研究，2021（1）：67.

③ 陆少颖，张红波. "三访三送"：乡村骨干教师精准培训新路径［J］. 内蒙古师范大学学报（教育科学版），2020，33（6）：86—87.

在教学理念、方法上都有差异。一般来说，城市教师更多地注重学生的全面发展，而乡村教师往往侧重于为学生未来的学习夯实基础，如何平衡二者以实现学生更好的成长发展，可以成为教师们关注的重点。

三、先进管理理念的探索者

2012 年，国务院办公厅出台《关于规范农村义务教育学校布局调整的意见》，宣告"撤点并校"政策告一段落，但此前合并学校形成的遗留问题对乡村教育影响至今。短期内突然扩大的学校规模导致学校的日常管理和教师教学都面临巨大挑战。原有乡村学校的管理者在管理理念、管理能力等各方面往往无法跟上学校发展的速度，用老方法管理新学校，更令管理者、教师甚至家长、学生对乡村教育产生不信任，令乡村学校的发展面临困境。

高校不仅是人才培养的摇篮，还掌握着教育行业最前沿的研究成果，在全面振兴乡村教育事业的过程中，高校承担着探索教育现代化管理理念的重要角色。高校必须深入乡村教育教学第一线，将理论和实践紧密结合起来，根植乡村教育，抛开"城市眼光"，融合"农业语境"，研究人才培养规律，发现共性与个性，形成推动我国乡村教育事业可持续发展的长效机制①。高校应注重挖掘乡村学校独有的优势与特色，并以其为出发点，探索符合乡村学校实际的管理制度和管理理念，重构乡村教育的特色，理清学校发展思路，让乡村教育真正回到乡村。

第三节 高校在乡村教育振兴中的功能

高校作为"五位一体"协同振兴乡村教育的智力支撑，扮演着三大重要角色——乡村教师的培育者、乡村教师专业成长的助力者、乡村学校先进管理理念的探索者。高校在乡村教育振兴过程中的作用及功能如下。

一、培育和输出本土人才

通过对当前乡村教师队伍建设现状的分析可知，问题的症结是"治标不治本"。

提高教师工作条件和待遇是"标"，建立高度的职业认同感是"本"。乡

---

① 熊思东. 乡村教育振兴：高校的思考与作为［J］. 群言，2021（1）：7.

村教师队伍建设的根本是培养乡村教师的职业成就感与获得感，是创造条件使乡村老师实现人生价值①，真正让乡村教师能够"留下来"，也能够"走上去"。高校与乡村合作培育本土人才，可以从两个方面来实现：一是师范生的本土培养，二是现有教师队伍的本土培育。这种合作培养在提升教师群体整体素质的同时，要更加注重培养教师的职业认同感，达到以内促外、内外合力的效果。

（一）师范生的本土培养

师范生的本土培育也可表述为师范生的高校—乡村学校协同培养（联合培养），即将乡村学校作为师范生的社会实践基地，将本土教育纳入师范生培养计划之中。从已有的教师培养体系来看，教师的"定向"培养机制可以为之提供借鉴。师范生的本土培育机制即"2＋2"，校内两年进行学科知识积累并学习教学理论，校外两年积累教学实战经验，简而言之，即是"城市＋乡村""理论＋实践"。在现有的师范生培养计划中，理论学习仍以高校课程体系为基础，在高校内进行；但在实践中，可以加大社会实践课程的比重，增加师范生深入乡村学校学习的机会。深入乡村学校的社会实践，更加强调以乡村学校的现实情况作为学习情境，学习班级管理、教师授课、学生管理、家校合作机制共建等在教育教学活动中必备的教学技能，体会不同的校情、学情，与不同的家庭、学生交流。

在高校—乡村学校协同培养机制中，高校首先应当与乡村学校建立合作机制，明晰规划师范生的培养目标，科学制订培养计划，科学划分高校及乡村学校应当承担的教学任务和应当达到的教学目标。高校应当做好师范生学科和理论知识的储备工作，并为师范生深入乡村提供充分的支持，如选择实践学校、日常生活保障、教学理论指导、专业技能培养等；乡村学校则应当结合师范生教授科目，科学安排实践导师，保证师范生能够切实参与到教育教学活动的各个方面，逐步实现师范生的个人成长，达到能够"顶岗"的专业水平，蜕变为真正具有教学能力的专业技术人才。

高校—乡村学校协同培养机制能够令师范生切实体会教育的深刻内涵，培养其对教师职业的敬畏之心，而不是简单地认为教育就是"教师教学生"，"传授书本知识就可以了"。师范生在充分认识乡村教育的现状后，如果依然能选择扎根乡村教育，就是真的"愿意去"。他们对乡村教师这一职业也有着更清

---

① 王鉴，苏杭. 略论乡村教师队伍建设中的"标本兼治"政策［J］. 教师教育研究，2017，29（1）：29.

晰、更高的认同感，也会以更加积极、主动的态度面对工作，能怀揣着振兴乡村教育的殷切期盼，真正为乡村教育振兴做出贡献。

（二）教师队伍的本土培育

现有教师队伍的本土培育主要是指乡村学校对优秀教师加大投入，培养骨干教师，实现乡村骨干教师的专业引领，即让一部分优秀教师先成长起来，再回到学校反哺其他教师。高校开展不脱离乡村学校的教师教育培训，注重挖掘本土教育资源，通过高校专家的专业引领，引导乡村教师发现乡村文化魅力，在挖掘和发展本土文化的基础上，提升乡村教师的科研能力，进一步增强乡村教师的职业认同，建设有本土特色的教师队伍。

对教师队伍的本土培育，重在建立教师对乡村的信任和认同，这是令教师愿意回到乡村学校，主动挖掘本土教学资源的内生动力。在对乡村教师进行培养的过程中，高校带领教师感受本土文化魅力是树立教师愿意在乡村任教决心的重要途径。乡村教师"留不住"，除了社会大环境对乡村教师的误解，更为重要的原因是乡村教师看不到自己的未来，而学校的支持和培养、本土文化的魅力能够令教师看到乡村教育是有未来的，自己也是能够得到成长的。通过这种途径成长起来的教师，会更加热爱自己的学校、学生，更坚信自己从事的教育事业能够取得成就。由本土教师培养的学生，受教师影响，也更有机会走出乡村，见识大千世界，也更愿意在积累学识经验后回到家乡，参与家乡建设，这也是实现乡村振兴的重要途径。

高校—乡村学校合作培育本土人才，实质上是把教师的职前、职后教育衔接起来，形成一体化教育模式，促进教师的"内外兼修"。其中，高校重在提供"外援力"，以专家引领、理念输入等为途径提升教师业务能力，而乡村学校则配合挖掘教师"内动力"，增强其自我认知和职业认同，提高教师投身乡村教育事业和实现专业成长发展的主动性。高校与乡村学校合力形成长期的合作机制，在合作的过程中不断优化培养模式，从本土资源出发，科学设置培养内容和培养计划，重建乡村教师群体的乡村意识，在提升教师素质的同时推动乡村教育振兴。

二、平台构建和智力支持

（一）乡村学校智库平台构建

高校可在乡村学校建立智库平台，打造乡村学校智慧高地，为乡村学校发展提供智力支持。课题组经过研究后发现，高等院校和城市中小学校之间

（三）先进管理理念与制度的输送

高校是乡村学校先进管理理念的探索者。探索是从已知瞭望未知，不仅需要丰富的理论积累、对服务学校的长远规划，更需要对"已知"有清晰的认知，脚踏实地，根据现实情况合理分析，防止盲目照搬他人的实践成果，这样才能形成正确的"未知"，否则会得不偿失。

课题组在调研的过程中发现，目前不少学校仍然存在校长"一言堂"的现象，其他的管理者、教师和学生都是被动地接受管理，管理模式亟待创新。近年来，在普遍探索学校治理的背景下，大量城市学校开展了内部治理的实践探索，也有不少学校取得了一定的成果。相较于学校管理，学校治理更强调学校发展的自生性，这与前文提到的人才本土培育异曲同工。城市学校管理主体应从建立以章程统领的内部管理机制入手，力求整个机制的协调，更加科学、合理、全面地规定不同管理主体的活动，管理主体之间自觉实现统筹协调①。借鉴城市学校在治理方面的经验，能弥补乡村学校在制度建设上的不足，实现乡村学校制度体系的协同运作，有力保障教育教学活动，也为乡村学校构建特色管理制度提供广阔的思路。能够实现内部协同的制度体系，对于转变校长思维、实现学校的自我治理、增强发展的主动性有着积极意义。

具体来说，内部治理对治理主体责任、权利的划分，能够帮助乡村学校尽快把家庭、社会等资源协同起来，加强联系，充分沟通，既有利于更好地运用学校以外的人力、财力资源，同时也有利于改善目前乡村家庭对乡村学校、乡村教师的偏见，长远来看也有利于家校合作机制的共建。高校研究者需要深入乡村教育一线，根据学校的现实情况对治理的制度体系、治理机制、运作模式做出取舍，形成优化方案，下放管理权力，使学校各个主体学会"自治"，助力乡村学校由"管理"向"治理"转变，增添学校发展动力。

在乡村教育振兴中，高校扮演着为乡村教育输送师资、提供智力支持的重要角色，承担着培育优秀教师、开展教师培训、帮助探索适合的管理理念等重要责任。高校需要有意识地在教师教育体系建设中关注乡村教育发展的需要，更精准地为乡村振兴提供教师队伍建设、校本课程建设等人力资源和教育资源方面的支持②，助力乡村教育振兴。

---

① 王雨婷. 基于协同论的小学内部治理制度体系构建研究 [D]. 成都：成都大学，2020：1—16.
② 李才. 高等教育服务乡村振兴的路径分析 [J]. 延边大学学报（社会科学版），2021，54（1）：97.

第五章　振兴乡村教育的名校助推

名校通过共享先进教育理念、课程资源以及名师资源等，可以对其他学校的发展和办学产生积极影响。在乡村教育振兴过程中，名校扮演着引领者的角色，发挥着价值导向、协调发展、师资培养、课程资源共享以及联合教研等作用。现在，名校往往通过名校集团化中的"名校帮扶"、区域教育联盟以及学区化办学等方式为乡村学校提供支持，然而，应有的状态和实然的现实间存在一定的差距。分析名校助推乡村学校过程中出现的问题，并提出解决策略，才能充分发挥名校在振兴乡村教育中的作用。

第一节　名校在乡村教育振兴中的角色与功能

一、何为名校

名校是指有着先进教育理念和独到办学特色，在优秀教师带领下能培养出卓越学生，并且对教育发展起推动作用的学校。由于切入点的不同，人们对名校内涵的理解是多方面的，一般从名校价值取向、基本特征以及名校的时代意义等方面来理解这一概念。

对名校内涵的理解，关键在于对"名"的解读。

其一，名校之"名"，名在理念。任何时代的教育改革都是教育理念先行，教育理念是指导教育改革和发展的旗帜。对于名校而言，理念的与时俱进、推陈出新是名校立校的重要前提。理念具有的超前性、现实性和可操作性为学校的办学思路和发展奠定了基础。

其二，名校之"名"，名在名师。名师泛指教育领域的名师和大家。学校的学习氛围是在名师的引领下创造出来的，有了优秀的教师才能带出优秀的学生，才能成就名校。

其三，名校之"名"，名在"名生"。名校的立校之本还在于办学质量，办学质量就是学校学生的发展和综合素质水平。当前对"名生"的定义不仅在于升学率，更在于学生是否得到了全面、可持续的发展。

其四，名校之"名"，名在特色。在学校长期的发展中，诸多名校凭借其具有前瞻性的办学理念、悠久的办学历史和鲜明的教育教学风格，造就了名校独特的办学特色。在名校发展共性的基础上打造出的个性，是学校在基本工作做好的基础上，经过不同时期的教学思考和实践，长年累积下来的整体性的教育特征和风格。它是一般学校向往却难以复制的品牌特色。

二、名校是乡村教育振兴中的助推者

名校通过"名校办分校""名校带弱校""名校办民校"等方式助推乡村学校发展，进而达到乡村教育振兴的目的。

第一，先进的理念助推社会教育思想的发展。办学理念是学校展开教学的理论来源和价值指引。对名校先进教学理念的借鉴和继承创新，可以使乡村学校更快地形成自身的办学特色和办学思想，为之后各项活动的开展提供导向。

第二，课程资源助推乡村学校的教育质量。课程是教学目标实现的主要载体。名校优质的课程资源可以满足相对弱势的乡村学校的课程资源缺口，其中的特色课程更能拓宽学生视野。

第三，名师对教学资源的引领与共享，可提升教师的教学素质。借助名校的教学资源，既能促进地方名校人才培养，推动师资专业化发展，进而增加高质量的教学资源供应，以满足更多学习者对高品质教学资源的需要。

简而言之，名校助推乡村教育发展是一种方式多样、形式丰富、灵活度高的合作办学方式。以政府为龙头，名校为基础驱动办学，并采取共办新学校，帮扶薄弱学校等方法，以实现名校优质教学资源、先进教学理念、科学的课程体系、优质教学人才同薄弱区域的共享，以促进该区域学校教学资源的均衡发展①。

名校在推动乡村学校发展中的行动，始终坚持以推动义务教育均衡发展、满足普通民众对教育的需要为出发点与落脚点，以实现教育公平发展为总体目标，积极推动城乡教育资源的优化分配与合理发展。名校助推乡村学校发展应遵循以下原则：

---

① 袁蕾. 昆明市"名校融校"办法执行效果研究——以呈贡新区为例 [D]. 昆明：云南大学. 2018：5-6.

（一）平等互动原则

名校和乡村学校的互动属于"差际互动"，名校需要充分了解"对点"乡村学校教育发展的需求，协同乡村学校共同制订合作发展目标。名校只有与乡村学校平等地进行合作交流，才能准确地发现"对点"学校存在的困难和不足，才能认准该乡村学校已有的教学基础。同时乡村学校也会从中感受到尊重，从而提高乡村学校配合的积极性。

（二）联动共享原则

名校助推乡村学校发展需要多方协力，乡村学校发展仅仅依靠一所名校远远不够，需要名校间联动起来定期或不定期开展交流活动，整合、共享优质教育资源，交流双方已有的助推经验，在重大项目和专项建设方面共同合作，为乡村学校的发展提供全方位的指导和帮助。

（三）特色发展原则

名校一般处在城市地段，名校助推乡村学校发展必须考虑到城乡学校的文化差异，不能用一套模式套用所有的乡村学校。名校需要根据乡村学校所处的地理环境和文化背景，在学校发展上结合当地特色，因地制宜制订乡村学校发展目标；在教师发展上，培养不同教师的文化特色，进一步打造出各具特色的教师团队文化。

三、名校在乡村教育振兴中的作用

由于名校在教育资源、教育理念、学校管理等方面都优于乡村学校，因此在乡村教育振兴中名校主要起着助推作用，发挥着价值导向、协调发展、师资培养、课程资源共享以及联合教研等作用。

（一）价值导向

对乡村教育整体而言，名校在助推乡村教育发展过程中形成的价值导向是确定激励机制的基础。对乡村振兴发展来说，在教育领域，实现教育起点、教育过程以及教育结果的公平是名校助推乡村教育发展的价值目标。

在引导乡村教育发展的整个过程中，名校的价值导向作用应当体现在以下几个方面。其一，名校的发展对于城乡一体化发展、区域教育均衡发展甚至是经济社会的发展都有着重要的影响。名校在引领过程中需要突出强调社会公平正义，即每位公民受教育的机会必须平等，其中尤为突出的便是择校问题。所谓择校问题的形成，其核心原因便是学校资源配置的不平等，学校与学校之间差距过大，很容易出现乡村优质生源不断往城市流动的现象。名校作为带领人，应当由强带弱，促进整个区域的协调发展。其二，名校助推乡村学校的发展对城乡教育融合发展有着重要的现实意义。名校助推乡村学校的终极目标是保障义务教育的公平正义，通过对义务教育权力的合理分配，使双方都合理履行相应的义务教育权责，保障每位公民在义务教育中的平等地位。其三，教育的公平与正义对乡村义务教育的整体发展具有很好的保护作用，通过名校助推乡村学校的发展，可以促进教育公平与教学效益的和谐统一。其四，教育公平与正义能够促进公民整体素质的提高以及人才素质的提升。而要保障教育的公平和正义，最重要的就是保证所有人受教育机会的公平。统筹城乡教育协调发展，统筹规划不同圈层之间教育发展的规模和速度，尤其离不开名校的助推。

（二）协调发展

接受名校引领的乡村学校不一定全都是薄弱学校，也有一些发展较好的乡村学校。同时，名校引领往往不仅仅是由一个学校单独引领，而是多所名校联合引领。名校通过协调学校内部与乡村学校组织系统间的关系来促进乡村学校的发展，如图 5-1 所示，这种助推主要有三种模式：

第一种模式是一体化办学。这种引领过程较为紧凑，由名校对内部资源统筹调配，统一规划，实现名校和乡村学校一体化办学。这种模式可以带动乡村学校快速发展。

第二种模式是学校指导帮扶。这种模式是名校助推中较为普遍的、比较松散的模式。名校的重点工作就是给乡村学校提供支持，如输出成熟完整的教学管理经验，派送优秀的师资队伍提供交流和指导。乡村成员学校可以依靠这些资源进行前期的基础发展。然而，名校提供的资源都是单向的，没有固定的期限，所有指导帮扶活动都按照乡村学校的需求进行。要是乡村学校想要得到进一步提高，还需要充分发挥主观能动性。

第三种模式是合作交流。名校输出优质教育教学管理经验，或组织培训和交流，根据乡村学校的情况展开项目合作等。其目的在于带动乡村学校管理、教研能力的提升，合作交流活动一般是定期的。

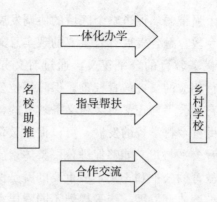

图 5-1　名校助推乡村教育的主要模式

（三）师资培养

名校一般建立了现代化的教师管理制度，师资力量是名校保持教学质量的重要保证，其引进、招聘的都是卓越人才。近年来，随着国家乡村教师专业发展战略的提出，名校也积极响应国家号召，帮助乡村学校进行乡村教师的培养，具体来说有"送教下乡培训""置换脱产研修""网络研修整合""乡村教师访名校"等方式。

其一，送教下乡培训。名校通过自身教育资源的统筹整合，采取任务驱动的方式为乡村教师提供接受名校培训的机会。名校按照科学的比例配比对口乡村教师的数量，分配专家和对应学科的高水平培训队伍。送教前要制订好具体的教育研修主题，围绕该主题展开培训内容。按照规定，每年培训次数应该大于等于四次，每次需要维持在两天以上。规范的培训过程通常是从诊断、示范到研课、磨课，再到效果呈现，最后是总结与提高，确保乡村教师的培训和名校送教下乡活动的完美融合。

其二，置换脱产研修。这种模式主要是采用脱产研修的方式进行。通常是政府和高校之间进行协作，组建较高级别的师资团送教下乡，帮助师范生开展顶岗支教活动，整个科研培训时间需要四至六个月。置换脱产的规范流程一般为事先集中研修，再跟岗实践，接着返岗实践，最后总结提升。这样既能有效利用师范院校中师范生这一宝贵资源，为他们提供实践锻炼的机会，也能较好为中小学校幼儿园主干老师赴省内名校开展脱产或集中研修提供条件。

其三，网络研修整合。随着互联网技术的快速发展，为了便利乡村偏远地区教师的培训，近年来，各省严格按照"培训计划、培训实施、培训管理、培训绩效、培训特色与创新"的思路组织乡村教师参与网络研修工作。在特色创新方面，主要由培训机构负责组织，名校辅助将优质教学资源放到网络平台上，开展远程学习交流模式。例如开设一定比例的 MOOC 课程资源，网络支持的"必修＋选修"课程，网络支持的教师工作坊建设以及移动化学习的研究社区等。

其四，乡村教师访名校。邀请乡村学校的青年教师到名校中观摩研习，采取一种"以学为主，以教带辅"的形式。选派优质名师带领乡村教师，促进其教育教学能力以及教学内在素养的提高。这种师资交流机制，使乡村教师的教学视野得到拓宽，可以近距离直观体验名校的教学管理、教学课堂特色、名校教师的风采，并可以此为目标和榜样继续学习，也能使双方学校实现师资资源的优化配置和有序循环流动①。

（四）课程资源共享

校际的课程资源共享是一种突破传统的上课模式，有利于教育内容的改善以及乡村教师的专业成长。不论是提高课程资源自身高利用率的要求，或是学习者和家长以及教育社区对优秀课程教学资源的持续追求，都使得课程资源共享在当下成为全球各地高等教育改革与发展的主要诉求②。在当前"互联网＋教育"背景下，名校可以通过课程资源共享模式发挥引领作用，该模式建设的基本思路如图 5-2 所示。

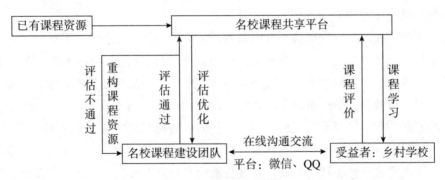

图 5-2　课程资源共享框架

其大致流程如下：政府部门领头，名校建立课程共享平台，并制订相应的评估优化等制度；对名校现有的课程资源进行整合，交由专家评审合格后上线平台；根据乡村学校需要继续重构课程资源，并召集"名校课程建设团队"进行课程建设；课程建成后继续接受专家评估，评估合格上线，不合格继续优

---

① 王光雄. 乡村教师专业发展支持路径研究——基于云南省乡村教师支持计划的实施情况分析 [D]. 重庆：西南大学，2018：119-134.

② 张福生. 课程资源共享及其实践路径 [J]. 中国教育学刊，2012（9）：60.

化，确保乡村学校能够最大限度使用该资源；乡村学校教师学习网络课程，并对网络课程资源平台进行课后评价和需求建议，名校根据评价建议进行完善；乡村学校在学习课程过程中，可通过共享平台、微信群、QQ群等方法，与名校的课程资源建设团队开展互动交流，进一步提升教学效果①。

课程资源共享内容主要可以分为：一是由名校引导推出的特色课程，如性教育、科学实验等特色课程。二是由两校甚至多校联合开发的课程，这类课程主要是结合当地文化特色开发而成，既能体现当地传统文化，又能形成本校的办学特色。因此，在有乡村学校基础设施保障的前提下，名校提供的优质课程资源，可进一步丰富乡村教育的课程资源。

（五）联合教研

"学习型组织""共生理论"等研究表明，名校通过联合乡村学校开展教研活动有很大的实践性和可操作性，乡村学校如果能和名校建立一个集研究、学习和反思于一体的教研活动体系，既可推进乡村学校的内涵式发展，也有利于满足乡村教师专业发展的内在要求。名校和乡村学校之间当前能采用的教研互动属于校际联合教研。校际联合教研是指学校为了教师和学生的深入发展，基于双方志愿，遵循同质促进、异质互补的原则而形成的一个教学合作活动②。名校通过联合教研助推乡村学校的发展。

乡村学校的长远发展离不开教育教研活动，如果按照传统的教研活动，乡村学校开展教研只能困于自身一方狭窄的天地，研究固化，找不到发展的新途径。在校际教研互动中，名校应当以城乡教学活动中出现的具体问题为研究对象，以乡村教师为研究主题，以教学活动中的实际案例为载体，以名校经验丰富的教研专家为主要参与人员，加强学校间的资源利用。

校际联合教研互动模式主要有：其一，集体备课模式。定时、定点、定任务、定人安排集体备课和教研，让乡村教师参与到名校教师的集体备课中，变闭门造车为集思广益，采取群策群力、扬长避短、共享信息等方法，帮助乡村教师提高教研水平。其二，课题研究模式。名校助推乡村学校学科组每年至少完成一个在研的课题，双方教师集中时间召开课题研究专题培训会，帮助乡村教师拓宽研究视野，丰富乡村教师的理论知识。其三，师徒结对"青蓝工程"模式。名校教研团队采取签定协议的方式同乡村青年教师实行师徒结对，考虑

---

① 程馨盈. "互联网＋教育"背景下大学课程资源的社会共享研究［D］. 南京：南京师范大学，2017：40—41.

② 李森，张鸿翼. 当代中国乡村教育研究［M］. 广州：广州教育出版社，2018：12.

到地域问题，师生双方可通过线上或集中培养展开活动。

第二节 名校在乡村教育振兴中的实践探索

从目前的实践探索来看，名校助推乡村教育主要有名校集团化的"名校帮扶"、区域教育联盟以及学区化办学三种方式。

一、名校集团化中的"名校帮扶"

在教学资源分配不平衡的状况下，为解决广大人民群众日益增长的教育需要，名校集团化战略将成为促进中国教育均衡发展的一个主要实现形式。它也是名校自我发展、塑造名校品牌的突破性举措。当前，国内的名校集团化教育办学已有"名校带新校""名校联名企""名校带弱校""名校连子校"等运行机制。而名校助推乡村教育就属于"名校带弱校"这一机制。

"名校带弱校"的制度是由名校采取对口帮扶，重点联系乡镇以及边缘薄弱地区学校，进一步发挥名校在教师队伍、学科资源、教学科研能力等领域的资源优势，增进名校与薄弱学校间的互动，从而推动乡镇和边远薄弱地区学校教育水平的提高。

以成都为例，当前成都名校集团发展势态良好，形成了独特的教育模式。成都凭借得天独厚的地理优势，教育生态和谐发展。石室中心教学集团公司、成都七中教学集团公司和树德中心教学集团公司是成都中学名校集团公司的核心。三个名校集团公司再加上其他的成员学校，已经基本覆盖了整个成都①。当前名校带弱校（主要指乡村学校）机制的一般做法是加强乡村学校基础设施的建设。一个学校受到人们广泛认可的重要因素之一就是校园环境。乡村学校的发展之所以弱，外在原因在于学校的基础设施简陋陈旧，在城市优美的校园环境和良好硬件设施的对比下，越来越多的家长愿意把孩子送去市区就读。因此，名校在政府以及社会各界的帮助下，以专项资金升级弱校的基础设施。乡村学校除了硬件设施远远落后外，软件建设尤其是师资力量也十分薄弱，目前名校的做法是通过师资交流、组织教师培训、开放公共课、派遣优秀教师等方

① 周亚玲. 名校集团推进机制研究——以成都市为例 [D]. 成都：四川师范大学教育科学学院，2016：8—9.

式对乡村学校教师进行教研指导①。

二、区域教育联盟的建立

区域教育联盟的学校采用合作结对等方式，以教育"圈层融合"的发展、教育"三圈一体"高位均衡为目标，统筹协调教育资源。优质教育资源的稀缺决定了社会要通过一定的方式将有限的优质教育资源进行合理的分配，达到教育资源的均衡分布。区域教育联盟正是通过促进优质教育资源的横向流动来促进城乡教育均衡发展。

2019 年发布的《成都市教育局关于进一步深化区域教育联盟发展的意见》提及，按照"中心城区＋郊区新城＋东部新城（或简阳片区）"的方式，成都共建六个区域联盟②。这一政策实际上也是从"三个圈层"教育现状出发而提出的。目前优质教育资源都分布在"一圈层"，该圈层名校聚集，教育发展水平高；而"二三圈层"主要在郊区，教育资源缺乏，占很大比重的乡村教育更是处于"下游"水平。通过区域教育联盟的建立，让"一圈层"带动"二三圈层"教育的发展，推动优质资源向薄弱地区流动，可以促进区域、城乡、校际优质教育资源的共建共享。

名校助推乡村教育也属于区域教育联盟中"圈层融合"的重要一环。以成都为例，当前成都市教育区域合作的实施已经取得初步成效。首先，成都城乡教育的交流范围正在不断扩大。从各个学段来看，2005 年"成都市城乡百所学校结对子百万学生手拉手工程"仅仅在义务教育阶段的中小学进行。2009年发布的《成都市城乡学校（幼稚园）互动发展联合工作方案》提出建立"6＋9"互助联盟，将幼儿园也列入了结对范畴。2010 年《关于深化城乡学校结对发展工作的意见》将互动的范围扩大到了普通高中的对口帮扶。总的来说，成都市参加了城乡互助发展的普通中小学校已经超过了 480 所。最后，成都城市教育资源共享也初见成效。据统计，在教育结盟后，成都利用信息技术的迅速发展，形成了教育共享的多元化服务平台。截至 2016 年，成都市共建立互动教室 568 个，实施远程教学讲座 12 711 节，建立网页和视讯服务平台、QQ群、微信群等多种信息共享平台 651 个，实现了把优质学校的资源向薄弱学校

---

① 钟慧莉. 名校集团化办学：基础教育高位均衡发展的"长沙模式"［D］. 长沙：湖南农业大学，2016：22—24.

② 成都市教育局关于进一步深化区域教育联盟发展的意见［EB/OL］.（2015—08—20）［2021—08—05］. http://gk. chengdu. gov. cn/govInfoPub/detail. action?id=74558&tn=6.

传递①。

三、学区化办学

学区制在欧美有数百年的发展史，而在中国，由于优质教育资源分配不均，为促进地域内的教育资源平衡分布，国家也开始逐渐探索学区制。中国实施的学区制探索在同一地域内教育行政和学生管理之间新型的教育管理关系。欧美学区是一个位于州与大学之间的教育行政管辖单元，而中国的学区比较松散，是校际的共同体。传统的校际协作采取"点对点"的形式，而学区制作为一种联盟，采用了"多对多"的校际协作形式——各所高校共有的优质教学资源均可在学区内实现交流共享②。实行学区化办学有利于促进优质教育资源融合发展、优化辖区内学校布局生态、促进教育资源的共用、扩大学校办学的自主权③。

2017年成都市教育局印发的《成都市义务教育阶段学区制建设指导意见》提出：发挥学区内优质学校引领、示范作用；加强学区内薄弱学校软硬件设施建设；深化教师流动；统筹教研培训；推进规范入学，化解择校压力，促进教育公平等④。学区内的名校引领可以加强优质学校与乡村薄弱学校之间的联系，严格实行就近入学制度则可打破部分学校对于优质生源的垄断，保障乡村学校一定的优质生源比例，推进教育公平。2020年都江堰市教育局印发《都江堰市中学学区制建设实施方案》，公布了都江堰中学学区划分表（见表5-1），划分的四个学区中既有优质学校也有乡村学校。方案提出，"在尊重成员学校办学自主权基础上，组长学校要充分发挥对本学区成员学校发展的引领、辐射作用，加强对学区成员学校之间的资源整合和业务指导"⑤。学区内的优质学校通过引领、辐射带动乡村学校的发展。

———————

① 黄露. 成都市城乡教育均衡发展研究——基于成都市区域教育联盟框架［D］. 成都：成都电子科技大学，2018：26-27.

② 吴晶. 基础教育学区化办学研究［D］. 上海：华东师范大学，2018：9.

③ 李介. 农村薄弱学校合作发展模式再探［J］. 教学与管理，2017（34）：20.

④ 成都市义务教育阶段学区制建设指导意见［EB/OL］.（2017-02-07）［2021-08-05］. http://gk. chengdu. gov. cn/govInfoPub/detail. action?id=1546354&tn=2.

⑤ 都江堰市中学学区制建设实施方案［EB/OL］.（2020-06-28）［2021-08-05］. http://gk. chengdu. gov. cn/govInfo/detail. action?id=119309&tn=6.

表 5-1　都江堰市中学学区划分表

学区名称	组长学校	成员学校
第一学区	都江堰中学	塔子坝中学、锦堰中学、七一聚源中学、蒲阳中学
第二学区	都江堰外国语实验学校	都江堰外国语实验学校初中部、李冰中学、友爱学校、紫坪铺学校、石羊中学
第三学区	青城山高中	中兴学校、七一青城山学校、玉堂中学大观学校、安龙学校、柳街中学
第四学区	八一聚源高中	七一聚源中学、崇义中学、天马学校、胥家学校

　　综上所述，从名校集团化、地方教师联盟和学区制改革来看，利用名校推动乡村基础教育的发展是很有必要的尝试，这些举措在一定程度上推动了地方基础教育的均衡发展，可让越来越多的乡村学生享受到优质的教育资源，同时也可逐步缩小城乡的教育差异，乡村学校教育教学水平有所提升，名校和乡村学校之间可以实现共同发展。

第三节　名校在乡村教育振兴中的反思

　　名校助推乡村教育振兴中出现的问题主要表现为文化输出意识欠缺、师资交流互动缺乏积极性、助推制度建设不完善等，这些现实存在的问题促使我们思考下一步该如何解决。

一、名校在乡村教育振兴实践中存在的问题

（一）学校文化输出意识欠缺

　　学校文化是学校发展的内在生命力，是学校最大的招牌。优质学校文化是一所优质学校长期发展的核心因素。名校助推乡村学校发展，应该从优质教育文化的输出开始，让乡村学校认同名校的文化内涵，这样才能形成乡村教育发展的内驱力。每一所学校都有其自身发展的文化传统，不同学校的文化是不同的，要善于挖掘本校的闪光点。因此，名校引领中文化的输出，并不是让乡村学校完全照搬名校文化发展机制，完全抛弃自身的文化发展特色，而是将乡村学校文化发展特色和名校文化相结合，吸收其中合理的部分。

　　在目前的名校助推中，不管是"名校帮扶"，还是"教育区域联盟"的实施计划等制度性文件、学校制订的师资交流方案、教育资源共享等活动，大多

缺少文化输出和文化培植方案，这势必影响名校助推的效果和效率。如果名校和乡村学校没有形成一致的文化取向和发展愿景，这样的合作是没有灵魂的，不利于其长久开展。

（二）师资交流互动缺乏积极性

部分城乡教师对于跨区域互动交流不是很积极，具体表现在：其一，名校教师到乡村薄弱学校的教师互动流程制定不完善，选派教师前往乡村地区帮扶的文件规定不够健全。例如，成都市关于选派师资的要求规定，交流男教师应从教满三年且不满 50 周岁，女教师则要不满 45 周岁。但是在学校任教仅三年的教师完全不能经历全部的教育阶段，如果被选派去帮扶乡村学校，经验不足会导致其难以胜任。其二，师资互动交流的政策没有切实落实。在各项教师互动政策执行的过程中，部分学校出现表面执行、替代执行、功利执行等，仅仅是为了完成指标或者任务，并没有将政策落到实处，这很容易导致参与教师的积极性下降。其三，名校教师和乡村学校教师的互动质量欠佳。由于名校教师与乡村薄弱学校教师互动流程规定不明确，无法一一追踪查验，容易让部分学校蒙混过关，用一些其他数据和调查充当实际帮扶资料。

（三）助推制度建设不完善

从目前名校助推乡村教育的过程来看，其制度建设有不少方面差强人意。名校助推涉及名校集团以及区域教育联盟的整体发展。然而，不论是教育集团内部还是区域教育联盟内部，都包含了许多独立的法人单位，容易出现矛盾。对于名校助推制度是加强一体化管理还是让各校自主决定，需要掌握其中的平衡，结合实际问题进行解决。

其一，管理机制不健全。大部分名校和乡村学校间地理距离较远，这种空间布局带来的困难，使传统的管理方式无法适应当地的情况。虽然一些名校针对地域问题做了调整，但是思想上仍然停留在传统管理方式上，耗时耗力。

其二，合作机制不完善。名校和乡村学校之间多是远距离合作，很多沟通仅限于线上，无法近距离面对面地合作交流，降低了名校帮扶办学的效率。

其三，未建立完善的助推考核机制。名校是否切实帮扶了乡村学校的发展，怎样才算帮扶到了乡村学校，目前还没有一个针对性的助推考核制度，这样就无法形成评估导向，无法进一步提升办学的效果。

（四）乡村学校的自主发展意识不强

当前的名校助推是一个名校与乡村学校双方共同参与的过程，不仅名校要提供外在的有利客观条件，乡村学校也要发挥主观能动性，以促使双方合作的推进。首先，虽然当前名校也很重视被引领学校的发展问题，但是乡村学校在被助推的过程中缺少话语权，无法维护自身的合法利益，两者无法形成一个民主的集体。其次，名校帮扶弱校的过程中，师资交流成员的利益诉求，如住宿补贴、交通补贴、帮扶奖励等得不到落实，会引起教师不满，从而消极怠工，影响教学成效。最后，被助推学校固守本土教育文化。被助推学校通常处在偏远落后地区，由于交通不便和网络不发达等因素，本地文化很少受到外来冲击，当接触外来名校的先进教育理念时，可能会出现排斥或短时间内两者难以相融的情况，降低被助推学校发展的积极性。

综上所述，名校助推乡村学校虽然有一定的实践基础，但还是面临着各种各样的情况，需要名校和乡村学校正视这些问题并在实践中不断摸索合适的解决方式。

二、原因分析

（一）传统"差距合作"理念指导下，双方文化理念"踟蹰困顿"

名校和乡村学校的互动合作被视为促进教育均衡、公平发展的新途径，出现了将乡村学校归入教育区域联盟、校际教研联合体等诸多以校际互动为核心的教育均衡发展模式。但由于名校在推动乡村学校办学中，可能会产生稀释优质教学资源等未知风险，名校在推动乡村教育中会不自觉地形成对校际松散型"软合作"路径的依赖[①]。

首先，乡村教师在理解和运用名校教育教学理念和文化理念上存在困难。在名校和乡村教师的教学教研活动中，由于乡村教师的接受和应用能力暂时不能适应名校的教学节奏以及名校的教育思想和文化，加上乡村学校学生自身学习能力的局限，名校的教育教学理念和教育文化难以运用到乡村学校课堂中。乡村教师面对不同层次的学校和学生，尚未能将名校的教学理念和文化完成本土化转换。

其次，在优质资源单向输出的状况下，名校合作动力不足。优质资源单向输出容易出现名校优质教学资源紧张的局面，进而引发名校助推动力不足。同时，名校容易把乡村学校看作资源的获取者，忽略对乡村学校自身特色资源和文化的开发。

① 张建，程凤春. 名校集团化办学中的校际合作困境：内在机理与消解路径——基于组织边界视角的考量 [J]. 教育研究，2018，39（6）：89-91.

最后，乡村学校对于名校教育文化全盘效仿则会摒弃自身特色文化，不能结合当地特色和学校特点，这样的文化输入是僵硬且没有生机的。

（二）制度规范下校际合作的"貌合神离"

名校助推乡村教育发展是在当地政府领导下进行的，这意味着名校对乡村学校之间的助推协作有政府保障，但也容易导致名校与乡村学校的界线模糊不清。为切实落实名校与乡村学校之间校际协作的规范发展，目前学校之间开始建立教师集中备课制度、课程管理制度和师资交流轮岗机制等。然而，这种正式的制度性规定往往只是为了突破名校与乡村学校之间的物理界限，无法打破彼此的心理边界，成员间的地域、文化观念差异导致一些名校助推工作开展得貌合神离。

首先，正式的制度不一定能消除参与成员身份和行为认知的差异。任何活动的开展都离不开规章制度的保障。就名校而言，为了保证助推乡村教育工作的顺利开展，名校往往会制订一系列的制度以期使优质教学资源得到高效利用。然而名校助推乡村学校不仅仅是依靠这些制度就能顺利开展的，还需要双方教师之间的彼此认同和信任。

其次，乡村学校教师的专业成长源于个体对新的文化观念的认同和接纳。例如，在成都高校开展的"国培计划"和"省培计划"，大多是从育人思想重构乡村教师关于"教"与"学"的认知范式和行为方式，给很多乡村教师带来思想上的冲击，使乡村教师对已有的惯例产生怀疑。是否应该接纳新思想取决于乡村教师对其是否认同。作为优质教学资源的输出者，名校的教学理念和思想必定要从指导思想层面深深地影响乡村学校。然而，名校传递的教育观念只有乡村教师从心理上认同和学习，才不会造成"形式"上的学习。

（三）权威主导下的名校助推可能导致乡村学校"再造乏力"

名校助推乡村教育的发展，实质上是名校主导下乡村学校的发展和变革。根据安东尼·吉登斯的社会结构二重性观点，这一变革发展的过程就是名校和乡村学校结构间的互动互构。现实中，由名校权威主导下的名校助推机制可能导致了乡村学校的"再造乏力"。

首先，学校结构再造成为名校的"独角戏"。名校作为强势的一方，主持了集体备课、教研等活动，活动的设计和实施也基本由名校教师承担完成，乡村学校教师往往处于聆听者和观摩者的位置。

其次，乡村学校结构再造经验欠缺。尽管名校有着权威专业的精英教师团队，但是他们的经验和智慧对解决乡村学校的教学和管理问题也可能是不足的，因为乡村学校自身的办学水平、认知范式和行为方式有别于名校。

（四）从乡村学校内部看，学校管理者面临"主动困境"

现代学校制度建设的核心是学校主动探寻适合自身发展需求的组织架构、管理机制，完成学校从"管理"向"治理"的转变①。名校引领下的乡村学校，已在政府的推动和主导下完成了某种程度上的外部治理行为，剩下的就是不断完善内部治理。乡村学校领导是否具有探索内部治理的主动性，将会决定乡村学校是否能够有序运转。

乡村学校管理者是否具有内部治理探索的主动性，主要表现在面对已有内部治理结构和治理体系时，乡村学校管理者是选择单纯接受名校的建议、执行所有任务，还是与领衔名校形成平等对话关系，共同商议出符合乡村学校发展实际的治理结构和体系。

三、应对策略

对名校助推在实践探索中存在的问题进行深入分析，寻找名校助推在促进城乡教育均衡发展中存在的具体问题并提出相应的建议措施，才能使名校助推长远发展。

（一）转变助推观念，从学校文化着手

当前乡村学校教育中最突出的一个问题就是优质生源的流失，如果乡村学校也能达成优秀的教育成效，优质生源的流失就会减少很多。这里的优秀教育成效不是指乡村学校要办得完全跟名校一样，而是要形成自己的办学特色，如特色校本课程开设、特色学校管理模式、特色学生培养方案等，这些都与学校文化分不开。

学校文化弥漫着整个校园，对学生有强烈的熏染效应，一所学校的办学特点就应该从文化底蕴谈起②。在名校的成长过程中，名校具有的文化是其发展的核心动力。因此，在助推乡村教育的过程中，名校应当重视对乡村学校的文化输入，这种文化输入不是强势地抹去乡村学校的文化，而是让乡村学校有更加开阔的眼界和发展潜力，进而挖掘出适合其自身发展的特色文化。"文化传承的过程是一个不断融合、再生的过程"③，乡村学校结合名校的优质学校文

---

① 许杰. 现代学校制度建设动力机制探析 [J]. 中国教育学刊，2014 (6)：9-14.
② 郑金渊. 办学特色之文化阐释 [J]. 中国教育学刊. 1995 (5)：35.
③ 徐一超，施光明. 名校集团化：教育均衡发展的实践演绎 [M]. 杭州：浙江大学出版社，2012：30.

化，摒弃以前落后的文化观念，结合自身发展形成新的学校文化，则有望激发乡村学校发展潜力，唤回优质生源，促进乡村学校发展。

（二）提高教师交流互动的积极性

针对名校教师与乡村学校教师之间在沟通互动中积极性不够的问题，四川省《关于印发乡村教师支持计划实施办法（2015—2020年)》提出，要落实好"三区支教"行动计划，选派城镇中小学校有经验的管理者和骨干教师到贫困地区、民族地区、革命老区的乡村学校支教讲课，助力当地教师转变教育理念、更新教育手段、提升教育教学质量[①]。要增强名校与乡村学校教师沟通的积极性，可采取以下具体措施。

首先，规范设置师资交流互动的流程，包括公开择优、制订任务、跟踪监督、评估奖惩四个环节。在政策执行前，应该公开选派教师，从一开始就保证教师参与交流的自愿性。在政策执行中，选派教师要与接受帮扶的学校协商制订任务，结合当地学校的实际情况将任务具体化。在互动交流中，教育部门要派遣专业的调研人员跟踪监督交流教师的情况，给予交流教师人文关怀，保障名校和被助推学校教师的权益。政策执行后，执行一定的考核标准，对交流教师的表现予以奖惩，激发交流教师的积极性。具体如图5-3所示。

图5-3　教师交流互动流程

其次，提高交流教师的政策执行力。在意识方面，要积极鼓励教师交流互动，更新名校教师尤其是乡村教师的教育观念，树立一定榜样进行引领。在物质层面，要完善教师的生活配套设施，在考虑其家庭情况的前提下选派交流。

最后，构建完善的教师交流互动评估体系。在教师互动交流后，要从学校、教师、学生发展的状况等方面进行评估，及时发现不足，为以后互动交流提供宝贵经验。

（三）注重显性和隐性机制的协调

显性机制主要指明确的目的、清晰的标准、规范化的流程以及保障机制，也就是用规范化的流程协调协作关系，用标准衡量效果。在名校推动乡村基础

---

① 关于印发乡村教师支持计划实施办法（2015—2020年）的通知［EB/OL］.（2015-12-28）［2022-11-23］. https://www.sc.gov.cn/10462/10464/10684/13601/2016/1/12/10364854.shtml? isappinstalled=0.

教育发展的过程中,名校与乡村教师的沟通必须植根于更为广阔的物质资源和制度环境中。因此,必须规定并细化名校教师和乡村教师间沟通的目标内涵、实现条件以及考评奖励办法。网络的快速发展使机遇与挑战并存,名校利用新媒体进行教学可以打破时空的限制,为乡村学校及时带来优质教育资源。

相对显性机制而言,隐性机制主要是在思想和观念层面产生影响。首先,名校助推乡村学校的发展需要在公平公正的价值导向下开展,以公平、民主为导向推进各项工作,完成各项任务。其次,在进行教师交流"结对"的过程中,以提升交流成员之间信任度和认同感为目标,加强助推主体思想层面的交流。最后,被助推学校要有开放的教学观、教师观以及学生观,与名校在教育认知上趋于一致。

显性机制和隐性机制都是教育助推的手段,而名校助推乡村学校的关键不在其中任何一方,而在于二者的和谐统一、相互作用。实现显性机制和隐性机制的协调不仅需要从理念上认清二者的关系,也需要在机制内部有效衔接,在实践中灵活运用。名校助推要结合当地学校发展的实际情况进行正式与非正式制度的设计、优化和完善,在保障各类合作活动有序开展的同时,也要提高参与人员的积极性和能动性,保障参与人员的合法权益。

(四)被助推学校要注重自我发展能力的培育

古人云,"扶人先扶志"。整个社会要实现可持续发展,最重要的是依靠内在力量,提高主体的自我发展能力。被助推学校在接受外界扶持的同时,也要借助自身内在结构的优化和内部动力的激发,充分运用自身所拥有的资源和能力最大限度地实现自我价值。

一方面,乡村学校要提高自我发展的意识,不能滋生对名校的依赖思想。同时,要正确看待"薄弱",教师和学生要提高自我发展的信心和整体素质,不能一直自我否定和贬低。参与的教育主体要积极思考和应对发展中遇到的各种困难和挫折,充分挖掘学校自身的特色,结合当地实际积极对现实环境进行创造性改造。

另一方面,由于不同学校间的教育水平和教学质量有较大的差异,在面对外在资源投入时,乡村学校要关注学校内部资源的优化配置,使名校投入的资金以及教学资源发挥应有的价值;使外部资源与学校内部的人力资源优化搭档,将优质教育资源合理配置到学校各处。

(五)政府明确自身在资源配置中的基础性作用

在名校助推过程中,政府直接参与学校具体管理的做法应该尽量避免。政府要做的是从宏观局面，从制度设计、战略制订方面进行引导，进行专项经费的配置，保障基础性的支撑。

上下级政府之间要统筹协调各方关系。在上级部门的指挥下，下级政府要积极响应，担负自身责任，结合当地实际情况加大投入，积极促进地区教育协调发展，从而推进教育均衡。

城市名校作为乡村教育"五位一体"协同发展的助推者，助推乡村教育的发展可以促进区域间的教育资源优质高效发展。名校是推动乡村教育发展的带动者和探索者，一般通过输出办学模式、办学理念、管理方式，输出优质干部教师以及课程资源等方式，努力将优质教育覆盖到区域发展的各个地方。在实践中，虽然名校助推尚有一定的问题，但是只要吸取前人经验，结合实际，一定能早日实现名校引领乡村学校共同发展的目标，为乡村教育振兴注入活力。

第六章　振兴乡村教育的社会支持

社会组织是现代社会管理的重要基础之一，在社区中发挥着关键作用。从社会协同治理的角度出发，社会组织可以有效地弥合国家与社会的裂痕。我们可以说，在振兴乡村教育这一伟业中，社会组织作为新的制衡力量，能够为乡村振兴事业贡献强有力的社会支持力量，这种支持力量不仅有利于改善乡村教育的现状，还能够加快乡村振兴的步伐。

第一节　社会组织在乡村教育振兴中的角色

党的十六届六中全会明确提出了"社会组织"这一概念。事实上，我国政府对社会组织的概念没有统一的规定。总的来说，社会组织是一个中国式的概念。在中国，社会组织又被称为非政府机构、非营利团体和民间组织等。

针对社会组织这一概念，不同学者有不同的看法。王名从历史角度出发，指出社会组织可以概称在中国社会转型过程中，由不同社会阶层的普通民众自发组成的，在一定程度上带有社会化、非政府性和非营利特点的各种社会团体[①]。徐本亮认为，社会组织是指不以政府的财务预算为重要资金，也不以营利为目的，但为社区进行公益或互益性服务工作，且可以自主运作的公开的社会机构或组织[②]。综合各研究者的定义，可以发现，前人对社会组织的概念理解具有如下共性：第一，在人员组成上，社会组织具有相当的规模，且拥有独特性和自主权；第二，社会组织的主要特征为高度社会化、非政府性和非营利；其三，在功能上，社会组织具备参加社区管理、为社区和公众提供服务的功能。它是因公益观念和交往需要自发形成的，是处于政府机构之外的自发公

---

① 王名. 社会组织论纲 [M]. 北京：社会科学文献出版社，2013：1—9.
② 徐本亮. 社会组织管理精要十五讲 [M]. 上海：上海社会科学院出版社，2018：1—16.

益组织；主要类型包括社会组织、公益组织、私营非企业单位、各类志愿组织、基金会等；其主要功能是承担一定的社会责任，为社会提供各种公共服务，维护社会公共利益，反馈和回应社会需求。

一、社会组织在乡村教育振兴中的角色

（一）支持者

刘晓、黄希庭等认为，总体上说，社会组织提供的支持在内涵上主要包括四个方面[①]：一是工具性支援，即提供物质资源和社会公共服务；二是情感帮助，即提供爱与关怀，有了共情能力，就可以让人产生信心和温暖；三是同伴性帮助，如通过和别人共享情绪，缓解个体压力，释放情绪；四是信息性支持，即提供相关信息，使个体能应对当前的困难。同时，张新平、吴康宁也强调，中国乡村义务教育改革与发展所需要的并非"残缺的社会支持"，而是"完整的社会支持"[②]。具体说来，社会组织对乡村教育振兴的支持从内容上可以分为以下几类：第一为物质支持，如改善乡村学校的教学设施，包括学校的环境、校园课桌椅、多媒体教室、学生宿舍等；第二为精神支持，如给予广大乡村教职工、学生等以关心和爱意，让其感受到社会的关爱；第三为信息性支持，如为乡村学校提供专业机构或团队，通过数字媒体资源共享和大数据技术，推进智慧校园的建设，从而有效地丰富教师教学方式，提升学生的信息素养，帮助他们解决生活与学习中的实际问题等。

社会组织对乡村教育振兴的支持往往也具备多样性的特点。通过整理前人的研究成果，可以看出这种多样性主要体现在主体多样和影响多样两个方面。首先是主体多样，尽管目前还缺乏具体的社会力量主体划分规范，不过依据已有文献，人们已经能够简单地罗列出在乡村教育振兴中提供帮助的社会主体，它们大致有基金会、事业单位、民办非企业单位、爱心人士这几类。例如，许传新指出留守儿童的社会支持主体很多，包括了政府支持系统、群体支持系统、个人支持系统这三类。这是他在深入研究留守儿童的社会支持网络后得出的结论，具有一定的说服力[③]。其次，社会支持在影响上也具有多样性的特点。刘子悦等探究了社会支持在社区教育发展的专业服务供给、资源整合与运

---

①　刘晓，黄希庭. 社会支持及其对心理健康的作用机制［J］. 心理研究. 2010（1）：3.

②　张新平，吴康宁. 我国教育改革和发展的社会支持要素研究［J］. 教育学报，2014（4）：56.

③　许传新. 留守儿童教育的社会支持因素分析［J］. 中国青年研究，2007（9）：24.

用、成员能力与素质提升以及组织之间信任提升这几方面产生的影响①。单冉则讨论了社会组织提供的社会支持对高等职业教育发展的重要意义②。郭晓斐等论述了社会组织在贫困地区进行健康教育与健康促进中的作用，其社会支持主要体现在资金筹集、项目开展、技能打造、普及健康生活方式这几个方面③。龙永红等从社会组织参与教育治理出发，提出了社会组织所提供的社会支持可以对教育治理产生以下三点影响：实现教育资源流转，满足教育与服务的需求，提升教育品质和公共福利④。可以看出，社会组织提供的社会支持对社区教育、高等职业教育、贫困地区的健康教育、教育治理等均会产生一定的影响，社会组织在教育资源的整合与运用、专业人员的技能培训等方面也发挥着作用。社会组织对乡村教育的振兴可以起到很大的助推作用。

（二）援助者

社会组织在教育扶贫工作中的作用更加直接和突出，资源援助是其最主要的援助方式⑤。2018年，我国各类型的社会组织都在不同程度上投入了扶贫工作，虽然参与方式各异，但是均取得了闪亮的成绩⑥。其中，社会组织中的基金会在教育帮扶方面效果十分突出。基金会可以采取筹措善款的方法开展资金扶持，广泛开展结对帮助、助教等活动，使中国边远地区的孩子都能获得良好的家庭教育。同时，基金会也会采取输送具有专业能力的导师、教授等方法，发展乡村地区的教师力量。

（三）参与者

社会组织是社会治理的主体之一，担负着一定的社会责任，在社会中扮演着必不可少的关键角色。早在2013年，《中共中央关于全面深化改革若干重大问题的决定》就已对社会组织参与乡村振兴事务作出了具体的规定，即适合社会组织参与的农村公共服务和解决的重大事务，都应该交由社会组织担当，激活社会组织活力。文件还明确了应当着重培育和优先发展城乡社区服务、公益

---

①　刘子悦，冷向明，丁秋菊. 柔性力量：社区教育嵌入社会组织能力发展的实证研究［J］. 华东理工大学学报（社会科学版），2019（6）：10.

②　单冉. 社会组织参与高等职业教育发展探析［J］. 中国成人教育，2019（15）：21.

③　郭晓斐，姚晓曦，高翠巧，等. 社会组织在贫困地区健康教育与健康促进中的作用［J］. 中国健康教育，2019（4）：382－383.

④　龙永红，汪霞. 社会组织参与教育治理的主体性及其建构［J］. 现代教育管理，2018（8）：25－26.

⑤　王名. NGO及其在扶贫开发中的作用［J］. 清华大学学报（哲学社会科学版），2001（1）：77.

⑥　付梵. 成绩闪亮　方式多样　民政部引导规范社会组织助力脱贫攻坚［J］. 中国民政，2019（14）：37.

慈善等多种类型的社会组织。同时文件还提出了此类社会组织在设立时，可以依法进行申报备案。这些都进一步说明，社会组织作为助力国家社会发展的重要力量，有责任和义务参与到乡村教育振兴这一伟业中来。

第二节　社会组织在乡村教育振兴中的作用与功能

一、社会组织在乡村教育振兴中的作用

（一）平台提供

社会组织可以凝聚社会力量，为不同群体参与乡村教育振兴搭建平台。社会组织具有社会性的特点，可以汇聚社会各阶层各领域的丰富资源，组成强大的社会互动关系网，促进不同社会群体和阶层的凝聚，形成巨大的合力，有效补齐政府体制外的"短板"，也有利于为企业、公众参与振兴乡村教育搭建起较好的平台，如汇集多方力量向不发达地区捐助善款等，实现社会资源的动员[①]。

（二）提供引导

长期以来，我国都是在传统的政府治理模式下开展各项工作，社会组织多处于从属地位，充当政府"助手"一角。近些年来，社会组织作为社会自治主体得到了快速的发展，并与政府形成了良好的合作关系[②]。蒋乐仪指出，慈善公益组织因为具有较强的社会动员力和影响力，对民众的积极引导作用比较明显[③]。过去以政府为主导力量的单一教育振兴模式已不能适应实现乡村教育振兴的要求，而社会组织则在教育帮扶工作中的人员投入、资金募集、政策宣传、政策执行等方面都给予了不错的引导，这对政府职能的转变和乡村教育振兴都具有积极的意义。

（三）搭建桥梁

社会组织的桥梁作用，是指它需要搭建政府与民众之间的沟通桥梁，走好"最后一公里"，这对全面实现乡村教育振兴影响巨大。社会组织一方面作为政

---

① 杨苘泽. 社会组织在乡村振兴中发挥的功能及其实现路径研究 ——以舟山为例 [D]. 舟山：浙江海洋大学，2020：25.

② 陈晓春，肖雪. 社会组织参与法治社会建设的路径探析 [J]. 湖湘论坛，2019（4）：53.

③ 蒋乐仪. 美国社会管理的"三只手"及对我国的启示 [J]. 学术研究，2009（1）：44.

府的"传声筒",应积极进行各类政策的宣讲与宣传,协助各类教育政策的落实;另一方面,社会组织作为民众的"发声筒",认真维护民众的切实利益,收集民众的反馈意见,将民众的建议传达给政府。

二、社会组织在乡村教育振兴中的功能

王名认为社会组织具有四种功能[①]:第一,组织动员社会资源的功用。第二,可通过调用社会公共资源、拓展公共服务空间,进行大量的社会服务,以实现提高社会福祉的目的;当然,也可与政府部门协同,通过进入政府部门公共服务系统,与政府部门的社会服务合作[②]。第三,社会统筹和管理。社区团体在政府部门和公民内部进行统筹和协调管理工作,借此来保障公益和维护治安。第四,通过政府推动与影响,社会团体可以采取为弱势群体发声的方法保障他们的合法权益。另外,一些社会团体也能以参加者和监督者的身份,参与政府有关法规和公共政策的制订过程,以证明政府的相关决定具有公益性与普惠性。具体说来如下:

(一)服务的功能

社会组织在保持自我合法权益的前提下,有能力合理地配置相应的社会资源,并运用公共资源为社会提供服务。但同时,由于社会组织的利益产生也源于公益心态与交往情感,所以,为社会提供一定的公共服务也是其自身责任。具体来说,社会组织也拥有为政府提供服务的职能。在现实社会中,社会组织经常寻找教育机构,招募志愿者担任社区居民和儿童书法、茶艺和其他课程的教师;招募志愿者或寻找其他社会福利团队或企业为社区居民提供教育政策宣传和咨询服务。社区团体通过发展与政府部门不同的资源配置能力,可在一定程度上减少政府部门的压力。

(二)宣传的功能

社会组织可以提高公民对政府教育政策及措施的参与度。社会组织通过传播政府各种教育政策措施,可在一定程度上保证广大群众的利益不受损害,它同时也具备了代表广大公民意见的功能。它的传播表达功能是双向的,但最终目标仍是让广大公民获益。如在乡村教育振兴中,乡村区域既是政策最大的受益人又是最主要的参加者,通过提高乡村区域的社会组织性能,可以加快促进

---

① 王名. 中国 NGO 研究——以个案为中心 [M]. 北京:清华大学 NGO 研究所,2001.

② 唐兴霖,刘国臻. 论民间组织在公共服务中的作用领域及权利保障 [J]. 经济社会体制比较,2007(6):75.

乡村教育振兴策略的制订与进行。比如，在公民对教育政策的宣讲有疑问或是对政府实施的措施有意见的时候，往往因为个人的政治力量有限或是反馈途径限制而不能有效地表达，社区团体作为社会力量，在一定程度上可以汇聚公民的声音或者意愿，协助公民完成意见表达①。

第三节　社会组织在乡村教育振兴中的实践

一、提供公共服务

（一）结合地方特色，打造乡村学校的特色课堂与实践基地

张祺午认为，乡村基础教育振兴的新模式，就是乡村学校与职业教育、社会教育等多种形式的城市基础教育相互统一和融合发展②。乡村振兴战略要求大力发展乡村教育，究其目的，就是要促进乡村人才的培养，最大限度地开发乡村的人才资本。乡村教育振兴离不开因地制宜的原则，离不开乡土文化的利用。社会组织可以从理论与实践这两个方面出发，积极配合乡村学校展开乡土课程的开发以及实践基地的打造。一方面，社会组织在大学课题研究中提供智力保障；另一方面，社会组织在融合本土优势的基础上，研究出能够推动个性化乡土特色、本土人力资源蓬勃发展的项目。因此，社会组织也十分注重乡村学校的实用技能培训，比如聚焦于乡村的本土特色产业，或者依靠文化传统和资源环境的优势，通过整合广阔的社会与教育资源，进行社区学院教育试点，也建设了一批批产学结合的社区实践基地。这些针对乡村振兴计划的具体服务工作，能够为乡村培养一批"有文化、有技能、有情怀"的建设者。

（二）推进乡村学校信息技术与数字媒体资源的利用

随着新时代网络信息和网络媒体的快速发展，网络教育也在不断升级变化。随着网络教育平台的激增，教育的内容与形式也越来越多样化，可以提供不限空间、不限时间的学习平台与资源，这为乡村学校的师生带来了很大的便利。研究表明，中国乡村现代化的根基就是教育，而以乡村教育现代化为重点的乡村基础教育振兴，也必将是乡村教育复兴的主要内涵。现代技术深入影响

---

① 王培智. 现阶段社会组织功能探析［J］. 唯实，2011（12）：88.

② 张祺午. 服务乡村振兴亟待补齐农村职教短板［J］. 职业技术教育，2017（36）：1.

了教学活动，例如大数据分析在基础教育振兴等领域的运用，为在乡村学校进行 "三个突破" "三通两平台" 建立与运用做出了一定的贡献①。这些技术为布局大数据采集系统奠定了硬件与软件基础，同时也展现了通过大数据支持与发展乡村教育的新愿景。张姝婧还指出，针对乡村留守儿童教育问题，可以综合多个学科的专家力量，重视选拔德才兼具的志愿者队伍，深化专业协作，使留守儿童得到全方位关爱②。

二、开展各方合作

（一）推进乡村学校与乡村社区的合作

教育具有育人的功能，人才需要教育③。近几年，乡村职业技术教育被赋予了新的使命，在整个乡村教育振兴里发挥着越来越重要的作用。朱德泉强调，新时期党和国家对 "三农" 问题进行了更全面的战略部署，我国农业已经步入了全面发展时代，乡村职业教育是农村经济振兴的主要引擎，必须承担智力支撑、人才培育的重要职能，也必须在乡村振兴，特别是在乡村教育振兴中起到引领作用④。祁占勇等也强调，大力发展乡村职业教育是实施乡村振兴战略的重要抓手⑤。因此，社会组织以振兴乡村职业技术教育为踏板，通过乡村社区与乡村学校的紧密合作，可以促进乡村学校在乡村社会之中角色的转变。为促进乡村学校角色的转变，社会组织可根据乡村学校的实际情况，紧紧围绕着提升乡村学生素质及其职业技能的双重目标，及时迎合现代化农业的背景形势与时代发展的趋势，创新利用远程教育的方式来配合乡村学校，从而使学生在学业学习、社区教育、技能培训等项目中收获满满。同时，乡村社区一方面可积极主动地与当地的教育企业取得联系，获得市场的人才需求表；另一方面可根据市场需求，为乡村学校相关专业课程的设置建言献策。乡村社区通过困难学生关爱服务阵地的构建，以爱感人，以情动人，以此保障每一位同学都可

---

① 杨宗凯，吴砥，郑旭东. 教育信息化2.0：新时代信息技术变革教育的关键历史跃迁 [J]. 教育研究，2018，39（4）：16-17.

② 张姝婧. 乡村振兴背景下的农村留守儿童教育与社会支持网络构建 [J]. 农业经济，2020（5）：125.

③ 郝文武. 当代中国教育哲学研究：从概念建构到理论创新和实践变革 [J]. 北京师范大学学报（社会科学版），2010（6）：8.

④ 朱德全，黎兴成. 中国农村职业教育研究70年：研究嬗变与范式反思 [J]. 西南大学学报（社会科学版），2019（6）：5.

⑤ 祁占勇，王羽菲. 乡村振兴战略背景下农村职业教育现代化的指标体系与行动逻辑 [J]. 西南大学学报（社会科学版），2020（4）：67.

以在职业教育中受到关爱、得到锻炼的机会。

（二）凸显"第三方"的价值

近些年来，《关于深入推进教育管办评分离促进政府职能转变的若干意见》《关于深化教育体制机制改革的意见》等政策措施均提出，要进一步完善第三方评价机制，建设政府、学校、专业机构和社会组织等多元主体参加的教育评价体系，加强教育评估的专业化、客观性。李亚东等则从教学专业化视角出发，认为评估与督导教学中的"第三方"应注重"利益无涉"和"非行政隶属"，应当是指具备独立法人资格和相关实力的非当事方专业机构或学术组[1]。李森、崔友兴还表示，基于学校团队的"他治"思想，学校还需要合理地引进第三方组织，借助他们专业的管理技术，提高乡村教育管理成效[2]。第三方机构并不是利益冲突的直接相关者，保持着机构的独立性并具备高度专业的能力，可以在一定程度上确保治理流程和结论的客观性、公正性和真实性。为了振兴乡村教育事业，应充分发挥"第三方"评价和监督乡村教育质量的作用，乡村群众性自治组织、乡村公共服务组织以及其他各类社会组织都可以被纳入"第三方"的阵营。

三、动员全员参与

郑创兴等认为，近年来，除了地方各级人民政府作为主导力量促进贫困地区教育发展，社会组织也渐渐成为一支重要的力量，这既推动了社会组织自身的发展，也激活创新了原本的教育帮扶模式[3]。

（一）呼吁家长参与教育事业

家庭是家庭教育的主阵地，同时也是社区的基本单元。家庭教育作为学校教育的主要补充，在儿童的形成和发展过程中具有无法取代的意义。要想真正解决好家长参与教育的问题，社会组织得从两方面入手。一是转变家长的观念，重树家长通过培养孩子让家庭逐步走出困境的信心。读书带来的效益往往不是一蹴而就的，甚至很难单纯地以物质财富来衡量。因此，家长需要转变观念，改变望子成龙、望女成凤这种急功近利的想法，真正地给孩子

---

① 李亚东，俎媛媛. 我国第三方教育评价的核心问题辨析及政策建议［J］. 教育发展研究，2018（21）：2.

② 李森，崔友兴. 新型城镇化进程中乡村教育治理的困境与突破［J］. 西南大学学报（社会科学版），2016（2）：86.

③ 郑创兴，佘晓格，徐志婷，等. 乡村振兴背景下社会组织参与教育扶贫问题研究——以广西龙万爱心家园为例［J］. 轻工科技，2021，37（1）：144.

一些成长的时间与空间，不仅关注孩子学历的提高，也密切关注孩子的身心发展水平，对孩子多一些“成长”的鼓励，少一些立马“长成”的急切。二是培养家长的家庭教育知识，提升家长开展家庭教育的能力。很多乡村孩子的家长其实很渴求能够在孩子的成长生涯中多提供一些指导与引领，但是由于自身文化水平不高，缺乏展开家庭教育的能力。社会组织可通过开展家长培训，推进家校配合，形成教育合力，从而转变家长的看法，激发家长参与教育振兴的热情。

（二）注重对专业人员的吸引

城乡发展差距大、资源分配不均衡、对乡村认知有偏差、乡土意识薄弱等导致了乡村教育人才的流失。这些原因也是当前乡村教育“留不住”人才的最大阻碍。为了能够留住人才，社会组织可以从物质奖励与精神鼓舞两个方面入手。第一，加大资金募集，从而加强对驻校人才的津贴补助，保障驻校人才的基本生活水平；第二，社会组织以情感人，着力培育驻校人员的“三农”情感，以转变人才对中国乡村文化的偏见，提高其对乡村振兴战略概念与内容的认识，帮助他们充分地认识国家战略导向，在思想层面处理其服务于我国乡村振兴事业的主体能力问题。一些社会组织认为，社会服务必须以技术为第一要务，过多地强调科学与信息技术在具体工作中的应用，而忽视了管理、经营的重要性，忽视了人文情怀对工作者的吸引，以致全面的人才库系统也无法建立，造成机构人员应对市场的能力较低，机构寿命较短。因此，社会组织要注重形成一个完整的人力资源战略规划，注重团体合作的重要性，并且采取有针对性的吸引、保留、开发人才的措施，从长远着眼推动组织发展。

四、提供专业培训

（一）利用大数据，促进教育决策者精准决策

振兴乡村教育是一项大工程，也是一项系统工程，为了更加精准地开展振兴乡村教育的工作，准确地了解乡村学校以及乡村教师与学生的需求，将振兴乡村教育的效益最大化，我们必须借助专业机构的力量，对社会救助网络进行科学合理的规划与设计。通过信息的汇集，大数据可以在短时间内实现教育与社会的沟通，这一方面利于教育决策者精准决策，另一方面也使教育不再游离于社会之外。构建科学的社会救助网络，也是整合社会资源的主要方式，这既可以提高振兴乡村教育的效率，也有利于促进乡村教育资源利用效率的提升。为了建立科学的社会救助网络，专业机构可以从以下几个方面努力：首先，组

织经验丰富的专业人员，帮助乡村学校制订社会救助网络的管理制度，最大限度发挥制度的约束力，保障专业人员对学校工作人员的指导权；其次，要衔接好专业人士对学校工作人员的培训工作，组织好专业人员对乡村学校开展的救助物资的利用记录工作。社会组织一方面需要利用平台资源共享的特点，为乡村学校提供救助物资的清单、志愿者的身份汇总信息等；同时，社会组织也需要对学校工作人员进行大数据技术的培训工作，帮助后者掌握大数据便捷的储存、分析与统计功能。社会组织需要结合各个乡村学校对救助物资的具体使用情况，帮助学校建立相关数据库，通过统一的数据标准，建立一个统一的社会救助数据平台，方便后期救助机构查阅数据记录，从而有效地避开学校已经得到了的社会救助，转而投向学校其他方面的需求。

（二）为乡村学校智慧校园建设提供专家团队

网络作为一种重要的新媒体发挥了巨大的经济社会功能。建构出"政府部门为主，社区积极参与"的各方协作帮扶的网络化模式，是我们的共同期待。政府部门能够利用财政力量和经济社会支持，发展出精准帮扶的新平台、新途径。同时，我们也需要加强对实践的总结评估与研究反思，进行及时的反馈与调整。但因为乡村学校所处地理位置较为偏僻，基础建设相对滞后，乡村的信息化程度与城市比起来相对较低。

袁雯明确提出，应重视乡村网络教学平台建设的政府支持、建设乡村远程教育收视点、加速发展符合乡村特色的移动终端教学、推动网络资源共享等，以此来提高乡村信息技术发展水平，推动城乡一体化建设①。

目前信息化教育的关注点多在城乡配置和平台搭建一体化方面，忽视了学生和家长的切实参与，这是造成乡村学校信息化教育水平低，教师信息化教学能力弱的原因②。因此，为了推进乡村学校信息技术与数字媒体资源的利用，在政府重视信息化建设的大方向引领下，社会组织应该在乡村学校信息技术提升中贡献人才力量。社会组织汇聚了社会各界人员，包括普通高校学生、乡村优秀志愿者等群体，他们通常对乡村教育具有持久关心的热忱与激情，是不可多得的、既优秀又可使用的乡村教师资源，经过定期的专业训练，他们不但可掌握良好的教育技术，同时有对乡村教育振兴事业不灭的情怀，可以成为具有活力而专业的乡村教师。这些人的职责也不再只是单纯地传递知识，而是要竭

---

①　袁雯. 乡村振兴　社区教育不能缺位 [N]. 团结报，2019-05-11 (2).

②　冯玲玉，曹晶瑜，谢小虎，等. 乡村教师信息化教学能力现状分析——以秦安县陇城教育园区为例 [J]. 经贸实践，2018 (10)：32.

力使知识的传递形态更加多元化，重视学员的个性特征，以便于把形式统一、集体化的教育转化为现代技术支撑下的教育。另外，社区机构需要建立专业的培训家长的专家团队，使家长学会家校互动的必要手法与应用技巧，合理使用社区软件，配合家校合作的工作。社会组织也应该密切关注乡村教师的生存环境，保障乡村教育振兴的人才支撑。众所周知，大数据技术在教学中的好处显而易见，专家团队也应该加大对教师信息素养的培养，及时更新信息化能力培育的途径，发展出专家指导、送教下乡、网络研修培训、校本研修等方式，并且对教师进行全面系统的信息化培训，使教师不仅可以熟练使用相关教学软件，学会信息化教学设计，也能学会利用网络学习资源逐步提高自身的信息技术水平。

五、实践中的不足

（一）社会支持力量分散

长期以来，我国都是由政府主导振兴乡村教育，社会组织在其中发挥的作用有限。加上一些人对社会组织参与乡村教育振兴的作用缺乏足够的认识，也缺乏调动社会组织参与积极性的方法，导致当前社会组织参与振兴乡村教育的"碎片化"现象较为严重。杨晓梅在调研中发现，各地的社会团体各有特色，有的具有经营上的特色，有的具备经费筹集的优势。不同的社会组织虽然各有优势，但大部分都限制在自身的业务范围与发展目标上，造成内部协同意识不够、协调水平不高，组织之间无法产生凝聚力，制约了社会组织整体能力的提升[①]。以乡村教师为例，乡村教师是实现乡村教育振兴的人才保障，但是目前的社会组织对乡村教师提供的社会支持力量依旧很分散，未能得到很好的整合。比如，社会组织对乡村教师的帮扶主要由基层教育主管部门来承担，其中包括进修学校、教研室以及其他县级教师培训机构。这些不同机构由于缺乏统一规划与管理，各个部门分布较为散乱，因此极易引起重复培训或造成资源浪费。

（二）人才储备不足

目前我国社会工作的职业化尚未真正建立起来，社会工作本身还带有一定的公益色彩，一些社会组织甚至没有专职工作人员，即便是有专业人员，也往往因待遇不高而不断流失。专业工作人员流失导致剩下的参与乡村学校治理的

---

① 杨晓梅. 宁夏社会组织承接政府购买服务的能力现状 [J]. 经济研究导刊, 2020 (15): 194.

社会主体能力较弱。李伟等在调研中发现，针对乡村留守儿童保护问题的专门社会组织数量并不多，且服务人员大多是缺乏培训、非专业出身的下岗人员，很难对儿童进行专业辅导，也无法保证服务的持续性与长期性[①]。众所周知，厚植农村人力资本是城乡全面振兴的一个重要途径，通过教育既能助力农民个体投入所在乡村的经济建设中，又能促进个体知识创新与专业技能的提升。但是，人才储备的不足使社会组织无法满足社会公众日益增长且不断多样化、多元化、高质量化、高标准化的服务期望。同时，专业人才的缺失也使得社会工作者素质良莠不齐，无法面对复杂困难的社会工作环境。推进乡村教育振兴事业需要考虑的因素很多，需要协调的力量也很多，若没有专业的人才，便会使很多工作的开展变得棘手。

（三）宣传报道有待加强

随着普通人参与教育事业的热情上升，社会舆论对教育的影响加大。宋林飞将媒体对社会改革的作用概括为三个方面，即启动、导向和调适[②]。一方面，由于社会舆论保障了公众的知情权，公民可以为教育事业的振兴各抒己见，社会舆论便成了教育改革和发展的"能量厂"，为教育改革提供智力支持；另一方面，社会舆论也是一把"双刃剑"，如果有媒体以博人眼球为目的，对教育政策乱报道、对教育事件断章取义，那么社会舆论便会对教育振兴事业形成阻碍。目前，主流媒体对社会组织参与乡村教育振兴的优势、作用与贡献有一定的宣传报道，使社会组织对乡村教育振兴事业的贡献被社会大众普遍知晓，但相关报道可继续加强。

（四）社会机构帮扶的主动性偏差

2020年，本书项目组到四川省G市调研，了解到社会机构对乡村学校的帮扶按照形式可以分为政府购买、学校求助、机构自发三种，其中以政府购买和学校求助获得帮扶居多，社会机构自发对乡村学校给予帮助的情况较少。众所周知，社会机构因为其社会性和多样性的特点，往往能够在短时间内为学校筹集或者直接提供资金和智力支持；同时，社会机构网络通达性好，使得社会机构相较于学校在信息的获得上更胜一筹。然而，社会机构帮扶的主动性却有待提高。社会机构帮扶的主动性是指：社会机构按照自己规定或设置的目标行动，而不依赖于外力推动（这里的外力主要指政府明文规定的社会机构对教育

---

① 李伟，李玲. 社会力量参与乡村教育治理的价值、困境及建议［J］. 西南大学学报（社会科学版），2019（3）：79.

② 宋林飞. 社会舆论学［M］. 上海：上海人民出版社，1994：235.

的帮扶义务，或者指学校负责人主动出面向社会机构寻求帮助），对教育事业实施帮助的行为。究其原因，我们不难发现，帮扶主动性的高低与一个机构的文化大有关联。因此，如何改造机构文化，调动更多社会机构参与到乡村教育振兴事业，如何更好地唤起社会组织的自觉性与主动性，便是我们不得不思考的问题。

第七章 振兴乡村教育的乡村学校策划

乡村学校是振兴乡村教育的策划者，处于乡村教育振兴的最前线，它们对自身发展问题的认识和应对是值得关注的。本章以访谈实录的形式展示乡村学校校长、教师眼中的乡村学校发展现状与问题以及他们的应对方式。

第一节 乡村学校在乡村教育振兴中的角色与任务

一、乡村教育振兴中的乡村学校角色：策划者

前文已经明确界定本书的乡村教育是指乡村学校教育，那么乡村学校教育的振兴，自然离不开乡村学校自身。乡村学校在其中应当扮演策划者的角色，不是被动地等待上级命令的实施者，而是要积极参与研究如何实现乡村教育振兴，决定乡村教育振兴的发展之路，因地制宜地策划乡村教育振兴的实际道路。

乡村学校首先必须分析学校发展面临的现实问题，在当地政府领导、高校引导、城市名校推动、社区机构帮助的情况下，确定乡村学校的教育重心，并确定其进一步发展方向，进而提高乡村学校教职员工的整体思想，带动乡村学校教职员工主动发展。不同地区的乡村学校之间存在差异，正所谓"家家有本难念的经"，乡村学校发展既有共性问题亦有个性问题，这就要求乡村学校既要"知彼"更要"知己"，发现自身问题，主动担任学校发展的策划者。

二、乡村学校在乡村教育振兴中的任务

乡村学校需在把握国家政策的基础上推动乡村学校教育教学发展。乡村学校是乡村教育政策的执行者和决策者。因此，在乡村教育振兴过程中，乡村学校必须明确乡村学校教育发展重点，乡村学校在制订乡村教育振兴方案时，必

须将党的路线方针政策和国家的各项法律法规作为基本依据；在设计教育发展重点时，必须认真学习党和政府的纲领性文件，保障乡村学校能在为祖国做贡献的道路上发展。乡村学校必须牢牢抓住学校教育的中心任务——教学。教学是学校教育工作的中心，也是乡村学校提高乡村区域整体教育水平的主要抓手。乡村学校应该抓住教育发展契机，在国家的扶持下，在高校与城市名校的引领与助推下，以促进学生的五育并举、协同发展作为目标，明确教育发展任务，确保素质教育高质量实施。

乡村学校需要整合、发展乡村教育资源。乡村学校是乡村教育资源的管理者和推动者。对于整个乡村教育体系来说，乡村学校就是教育资源本身。在政府大力支持下，乡村学校的物质资源已经有很大进步，学校硬件设施管理难度不大；对于乡村学校来说，更重要的是如何提高乡村学校中的人力资源水平。乡村学校在教育管理中应给予乡村教师发展指导，明确乡村教师的角色，了解乡村教师的困惑与压力，提供有针对性的解决方法，全力促进乡村教师的发展。在这一过程中，学校全体人员均需做出努力，比如，作为校长，应当提高领导力，提高人力资源管理能力；作为教师，应当自觉遵守各项规章制度并努力提升自身的素质，抓住机遇，奋勇向前，不断以提升教育教学质量为己任，真正促进学校教学的发展。

乡村学校应重视学校教育研究与创新，提高学校教育科研能力，尤其要重视校本研究。教育科研是一个发现问题、解决问题的过程。乡村学校作为乡村教育的主阵地，应当从乡村教育建设的实际问题出发，让全校教师参与到问题的研究过程，有目的、有意识、有计划地提高教师解决问题的能力，提高其教育科研水平，从而推动乡村教育研究，带动乡村区域师资队伍的建设，进一步推进乡村教育振兴。在强调教师自我反思的基础上，要提倡教师群体的同伴互助，尊重学科研发人才的学科指导，不断地促进教师的专业化成长，进而找到学校的特色发展之路。

第二节　乡村学校发展困局

关于乡村学校发展的研究很多，但多数研究是从研究者自身的视角出发，本课题组力求从乡村学校发展主体参与者的视角进行观察，了解乡村学校在实践中的发展情况。课题组访谈了 X、Y、Z 三所学校的校长，其中 X 学校是一所城乡结合部的小学，Y 校是一所乡村九年一贯制学校，Z 校是一所乡村初中。访谈具体内容如下。

一、乡村学校 X 发展困局

我在 X 校工作了三十一年，对所处的乡村小学及学校服务的乡亲们的情况都比较了解，也有很深的感情。

我现在工作的小学位于城乡接合部，是一个近郊小学，服务区内有六个村，其中三个村属于拆迁范围。很多家长都有意愿在拆迁之后，把孩子转入城里小学就读。即使在生源开始回升、我校教学质量超过一些城里学校的情况下，我校的在校学生数仍然逐年下降。

当校长这么多年来，我最怕过暑假。可以说，两年以前的每个暑假，我都是在忐忑焦虑中度过的。因为我不知道自己辛辛苦苦培养出来的青年教师又会走多少，更不晓得青年教师调走了以后，上级会不会给学校补充人员。记得在我当校长第三年的那个暑假，六个青年教师找我签字参加进城招考。面对花费了巨大心力培养的朝夕相处了多年的年轻同事，我的心里五味杂陈、万般不舍。我知道，凭他们的能力，被招入城里学校没有一点问题。他们进城，一方面可以有更好的生活工作条件，另一方面也可以激励其他同事；至于缺员，我相信上级会补充。于是我毅然给他们签了字。接下来的事情让我教训深刻，那一年，我校没有补充一个教师。此后若干年，我校一直处于严重缺编的状态。

这么多年来，有两次与家长的交谈令我印象非常深。20 世纪 90 年代的时候，有一次我去家访，家长给我说，老师，你把我的孩子管严点。他有什么不对，你随便怎么打他我都没话说。孩子管好了，我谢谢你们。你看我们隔壁家的孩子考上了北京大学，现在已经在美国工作了。他家好荣耀啊。去年，一个比较调皮的孩子家长和我交谈。他说，校长，你为了我这个孩子，操了很多心，我也知道您和老师都是为了孩子好。但是我这孩子就这样，不管他以后学得咋样，我们想他能够生活就行了。书读得再多，还不一定能找到工作。家里供他读大学还要背身债，不划算。

现在看来，乡村学校正经历着三个变化：一是城市化进程的加速，乡村学校的户籍生源在增加，实际生源却在减少，不少学生流向了城市。二是随着城市的扩张，城市学校的规模和数量必然增加，乡村学校规模缩小导致布局调整，乡村学校教师向城市流动是必然的。三是高等教育的普及化，直接影响乡村家长对教育的态度。

二、乡村学校Y发展困局

乡村学校发展现状作为一个长久存在的话题，无论是乡村小学的一线教师、教学管理人员或是专门的教学研发人员，都会从不同的视角做不同的调查和分析，而随着时代的变迁，乡村教育和乡村学校的发展现状也会随着社会的发展、国家及地方教育政策和法律法规的调整，呈现出新面貌，出现新矛盾。诚然，在国家大力促进我国城乡义务教育一体化的大背景下，乡村学校和县城小学之间的差异正在逐渐减小，乡村小学的教学面貌也日新月异，城市教职工基本实行了同工同酬，乡村校长的工资待遇也得以全面保证，乡村校长的工作积极性也逐步提高。不过乡村学校也面临许多的问题，例如，教师的教育教学能力与管理水平亟待提升，乡村社区对家庭教育的关注程度亟待提升，乡村社会"读书无用论"有所泛滥。下面，谨以我校为例，作简要分析。

Y校是一所农村一贯制学校，成立于1956年，校园面积为17 148平方米，有教职工73人，6个初中授课班，12个小学授课班，4个学前授课班，在校学生700余人。学校地处乡村，地理环境方面不占优势，师资力量也较为薄弱，相较同市其他地理位置更为优越的城区学校，本校办学优势几乎很少，勉强说来，大概有两点：

第一，学生班额少。相较部分城区学校动辄四五十人的大班额来说，Y学校在班额上有一定的优势，每班人数在30~40之间，甚至有个别班级人数不足30人。小班额的学校教学现状反而能让教师教学更聚焦，更有可能在教学中关注到每一位学生的发展，为个性化教学创造可能。

第二，外部教学压力相对较小。本校因地处乡村地区，相较于地理位置、经济发展和社会背景相对较好的城区学校，外部教学压力相对较小。一方面，乡村学校的学生均来自附近乡村家庭，相对城区学校，乡村家庭的家长对其子女的教育成长期望相对较低。另一方面，乡村学校的学生较城区学校的学生来说，自身受到的教育投入相对较小，乡村学校是教学的唯一主体，在执行政府"减负"目标和严格执行"五严"等政策时遇到的问题也小得多。

当然，相对于过少的优势，本校在办学过程中存在的问题则更为突出，具体有以下几个方面：

第一，学校硬件设施简陋。一是满足学校安全条件和抗震要求的教育用房、功能用房不足。二是学校没有适应信息化发展趋势的现代教育配套设备，学校教学设施也比较简陋，无法实现一些教学要求。三是校园的公用经费也相对欠缺，无法满足学校的正常发展需要。

第二，教师结构失衡，矛盾突出。一是教师数量较多，但岗位分配不协调。乡村学校按正常师生比来说，教师数量明显偏多，但就学科教学实际来说，学科教师不匹配，专业教师短缺又非常明显。二是整体教师素质普遍偏低。在我校，因历史发展原因，教师存在教学积极性不高、专业发展需求不够、缺乏教学热情等问题。教师大多安于现状，专业知识不强、业务水平不高等情况都存在。

第三，学校的品牌效应及综合影响力不高。因为地理位置以及学校历史沿革的影响，本校对学生和家长的入学吸引力相对较低。学校本身品牌发展不良，在校学生也仅是因为客观条件的制约无法进行择校，学校整体社会影响力也相对较低，缺乏辐射效应。

第四，学生生源多以留守儿童为主，一些学生存在一定的心理问题。因为地处乡村，在城市化背景下，附近乡村的剩余劳动力多外出工作，而其子女受客观条件的限制，只能被留在乡村，造成学校留守儿童人数占到我校生源的一半以上。这些学生一方面在本该由父母陪伴成长的年纪里，得不到父母及时的关爱，缺乏真正的亲情交流，导致其内心孤独压抑，性格孤僻自卑，不愿和老师、同学交流。另一方面因为长时间缺乏父母的陪伴和关爱，缺乏直接有效的家庭教育，导致其行为习惯不良，无纪律意识，在学校也得不到应有的重视，进一步导致其自暴自弃，行为偏颇，经常出现逃学、打架等问题。此外在学业工作方面，由于留守儿童大多由祖父母、外祖父母照料，后者无法在学习上对其进行引导。部分留守儿童还必须负担一定的家事农活，这更进一步造成他们学习精力变差，学习成绩欠佳，部分儿童还有厌学的倾向。这都说明，留守儿童在身心健康、学业、思想道德等几个重要方面都与非留守儿童存在着一定的差距。

三、乡村学校 Z 发展困局

民族复兴，教育先行。要实现乡村振兴，必须实现乡村教育振兴。乡村教育振兴战略是中国乡村教育改革发展的重大时代机遇，也是发展乡村教育事业内涵、不断创新教育模式的内在需要，乡村教育服务和承担着中国乡村振兴发展的历史重担，责无旁贷、任重道远。"雄关漫道真如铁，而今迈步从头越"，我将通过 Z 校（乡村初中）来谈谈自己对乡村初中现状的认识。

乡村初中阶段学校教育资源相对不足，教学环境也相对艰苦，教学形式、内容也相对单调，教学效益并不明显。乡村留守儿童、单亲家庭越来越多，学生管理难度加大。升学竞争越来越激烈，处在乡村学校的学生无论从哪方面来看都处于劣势,这会加重学生的心理负担。其次,城市化的发展、老百姓人均收入的提高、家长对子女教育的要求愈来愈高,使得大批优秀生源涌入城区学校,由此造成了乡村地区初中学校生源减少,办公费用严重短缺,师资年龄结构老化,学科性缺编问题严重。延时服务费对乡村初中的冲击也较为严重,导致教师队伍不稳。

目前,我认为影响乡村初中教育的因素有以下四点:

第一,学生因素。因个人认识的误区,加之媒体对典型事例的夸大报道(如大学生、中专生的就业困难),影响了部分学生对受教育作用的认识,认为"读书无用",使其学习动力受损。

第二,家庭因素。家庭教育以及家长对孩子的期待不当。比如,有的家长在外工作,缺乏对子女的陪伴和教育;有的家长对孩子期望值过高,导致孩子学习压力很大。还有的家长过于看重城市中的私立学校,热衷于将孩子送到城市学校就读。

第三,学校因素。农村中学综合性素质教育虽然做出了一些成果,但因为升学的压力,许多师生仍摆脱不了应试教育思维,教师、学生多是为"中考"而学习,校园学习相对单调。

第四,教师因素。随着城镇化、生源流动的加快,教育布局调整,城市学校数量、规模扩大,乡村学校教师多数争取向城市学校调动。一些仍旧坚守在乡村学校的教师,也存在年龄结构偏大等问题,体育、艺术类学科的师资仍较为缺乏。

第三节　乡村学校发展破局

不可否认,虽然近年来国家在乡村教育振兴方面用力甚多,但乡村学校的发展仍存在师资、生源、经济等方面的问题。对于这些问题,身处其中的乡村教育工作者感受最深。在已有的条件下,如何充分发挥乡村学校现有资源办好教育,也是乡村学校在不断思考的问题。课题组访谈了 X、Y、Z 三所学校的校长,请他们结合自身实践经验,谈谈乡村学校发展如何破局。访谈具体内容如下。

一、乡村学校 X 如何破局

乡村学校要建好队伍。要建好队伍,还是要以制度规范人,以目标凝聚人，以感情留下人。多年来，我们以造就一批职业道德高尚、教学作风精良、学识渊博的教师为目标，通过引进友邻学校、师培中心力量和送出去培训等方式，培养了一批优秀教师，有荣获 S 省小学数学优质课竞赛一等奖的，有荣获市优质课竞赛奖的，有应邀培训其他学校教师的……近几年，我校有二十多位教师被周边城市学校和所在县城学校挖走。虽然留不住优秀人才，但我始终坚信，流水不腐。只要有人来，我们就可以把他培养成优秀人才，能不断输送优秀教师的队伍难道不优秀？因此，从某种角度来看，优秀教师的流走，恰恰是乡村学校的一个优势，可以使教师队伍年轻化，激发教师的工作热情。

乡村学校要办好家长学校，注重家校配合，形成教育合力。与城市家庭相比，不可否认乡村家庭中家长的观念意识、经济能力和教育能力普遍落后，一些家庭由于观念错误、经济困难，常常处于看不到希望的状态，"读书无用论"在乡村有所抬头。现在的家长不少是独一代，自身存在一些问题，如缺乏合作精神，自我中心，生活习惯差……这些都会影响现在的学生。举办家长学校，主要解决两个问题：一是转变家长的观念，让家长重树通过培养孩子让家庭逐步走出困境的信心；二是要培训家长的家庭教育知识，提升家长开展家庭教育的能力。

办乡村学校，还要有符合乡村实际情况的办学理念和措施。多年来，我们一直坚持一个理念：以廉价优质的平民教育为乡村家庭点亮希望之灯。为此，我们一直提倡教师要有奉献精神，要体谅乡村家长的艰辛，义务为学习困难的孩子辅导；我们面向孩子们的生活环境，充分发挥地处乡村的优势，开设劳动教育校本课程，把德育、智育、美育、体育和劳动教育相融合。正因为我们立足乡村开办学校，开设符合乡村现状的劳动课程，学生有了劳动意识，懂得孝亲敬老、友善他人、感恩回报，学生生活能自理，在家庭中自觉做家务，家长、社会对我校的认同感非常高。尽管很多家长把孩子转到城里读书，但他们还是说，如果不是因为搬迁后离这学校远了，他们是不愿意转学的。

乡村学校需要政府政策的大力支持。一是政府购买的公益服务可以向乡村学校倾斜，以解决乡村学校专业师资缺乏的问题。比如，我校音乐器材配备非常好，但因为学校音乐教师只会键盘乐器，对管乐器、弦乐器就没法教授，这一批乐器就成了摆设。政府可以把群众艺术馆的公益服务安排到学校，类似我校的这些问题就可以迎刃而解。二是结合城市化进程，适时调整乡村学校布局，整合乡村优质教育资源。三是引导社会人士、各类团体、机构进入乡村开展教育活动或培训教师。如戏曲进校园活动，政府可引导当地川剧团成员或社会川剧爱好者进入学校培训学生。

二、乡村学校 Y 如何破局

近几年来，国家和地方人民政府加快实施乡村区域义务教育与均衡教育发展，对学校学生入学实现了就近划片。就近入学在一定程度上减少了乡村学校生源数量下降、生源品质降低的现状。然而，随着都市社区文化氛围日益浓厚，城市家长对基础教育的关注度远高于农村，乡村学校与城区学校的差距还未有实质性的改善。因此，从学校本身的教育质量出发，提高学校的教育竞争力，提高学校的社会影响，真正做到以质量推发展，自身足够强大，才能吸引更多的学生，才能推动乡村教育事业的发展，才能真正实现乡村教育振兴。从这样的认识出发，为了改变学校的现状，解决学校发展中存在的问题，学校做了如下努力。

第一，变革教学模式，更新教育观念。任何阶段的教育，都应从实际出发，根据实际情况进行思考和设计，不应一刀切。如果没有个性，就失去了发展的可能性。社会要进步，教育是关键；教育要提高，关键在改革。自课改伊始，在学校课程结构出现了很大变化和新课标对教师提出了更高要求的大背景下，我国各地的学校开始积极探索提升教师课堂效果的新教学模式，转变了以往"时间＋汗水"的粗放型教学模式。我校也借此东风，从 2018 年开始通过全面实施"目标导学、问题导思、习题导练"的高效课堂"三导"教学模式，全面改革了课堂评估方式，将重点对教师评估转变为对学生的评估，转化为以促进学生发展为重点的全面发展性评估，并将对学生的课堂评价作为教师课堂评估的关键指标。

此外，目前的初中教育仍是以升学教育、选拔教育为主。但乡村学生恰恰在升学教育与选拔教育中不占优势，所以，重新思考乡村的教育模式就非常有必要。对于乡村教学的目的和价值，应当既不放弃长远发展的需求，又不忽略学生个性发展的需求；既要赋予少数乡村学生一个平等的进入普通高中甚至大学接受教育的机会，也要使大多数升学无望、高考无望的乡村学生获得优质的职业技能教育资源。初中正好是培育乡村学生职业技能全面发展的重要时期。这才是我们努力的方向。对于乡村教学，我们就更需要旗帜鲜明地号召要为社会生活、国民经济、社区发展服务，为农业、农民、乡村公共服务。另外，在初中三年的教学中，根据不同基础、不同特点的学生采取不同教学方法，实行教学分段，因材施教。有的放矢的教学才是最佳的教学，也才是最人性化的教学。

第二，重视学生发展，形成良好的师生关系。乡村学校学生普遍文化基础、学业能力较差，要形成良性的师生关系，就要求乡村学校的教师切实地做到关注孩子的心理发展，关爱他们的成长。科任教师要对本班的学生有全面的认识，掌握学生的家庭教育背景、人际交往情况、行为特点、言行习惯、道德素质、学习动机与心态等方面。班主任为每个学生设立心理健康卡，注意每位学生的心理变化，并做出详尽记载，对每个学生的不良行为表现及早介入干预，正确引导学生，并做好相关心理指导，给予学生更多的关爱。学校还建立了"留守儿童之家"，设计一片小天地，守护一份大温情，为留守学生发起"爱的续航"活动。"留守儿童之家"的投入使用，给这部分孩子提供了落脚之处：图书角的图书，能帮助孩子们增长知识和见闻；值班教师们暖心的陪伴，让孩子们体会到了家人般的温暖。

著名教育家陶行知有句名言："你的教鞭下有瓦特，你的冷眼里有牛顿，你的讥笑里有爱迪生。"复学后，我校对在新冠肺炎疫情防控中表现突出的师生给予了精神和物质双重奖励，共有24名教师、150余名学生被授予疫情防控先锋、疫情防控先进个人、防疫宣传小卫士、运动达人、学习之星、文明礼貌楷模、勤奋上进榜样等荣誉称号；后来又有20余名师生获得市级、镇级、校级优秀表彰，硕果累累，心血聊慰。

第三，开展多彩活动，发挥学生特长。学校全面实施"阅读工程"和"多彩课程的构建研究"，定期开展教师、学生、家长中华经典诗文诵读活动，构建与本校相关的校本教材和育人途径，实现教师的"三个转变"和学生的"三个发展"。

相比枯燥的课堂和一成不变的教学，学生们更喜欢在贴近生活经验、充满未知和乐趣的活动中观察世界、了解世界，更愿意在丰富多彩的活动中感悟生活，展现自己与众不同的智慧和能力，最终收获知识，获得成长，体验幸福感和成就感。通过学校的一系列文体活动和社会实践、外出游学活动，我们惊喜地发现，全体学生都积极地参与其中，甚至部分所谓的"后进生"和"问题学生"也都表现出相当大的激情和热情。这样的实践和教学使每一位学生都有机会充分地表达、展现自己，也充分地调动了学生的胜负欲和表现欲，使学生想要变成最"优秀"的人，给学生开启了通向不同道路的大门。学生在体育活动中主动拼搏；在文艺演出中积极上台演出，展现个人风采；并在"行万里路，读万卷书"的游学活动中与其他学生打成一片，体验生命与自然的美好。经实践证明，这些活动更能培养学生的社会责任感、积极性与使命感。

仅2020年上半年，在G市邮政杯"巧手绘雄城，携手创名县"明信片创意设计中，七年级学生蒋某荣获三等奖，六年级唐某、张某荣获优秀奖；唐某、兰某被评为 G 市"文明学生";在 G 市"美好生活,劳动创造"和"中华优秀传统文化"征文比赛中七年级纪某荣获二等奖,六年级邓某荣获三等奖;在 G 市"辉煌七十年 奋进新时代"故事演讲比赛中六年级学生陈某、陈某某荣获三等奖……

第四,规范引领磨砺,同伴互助提升。学校将依托党支部、工会、教代会,倡导"让想干事的人多干事,让能干事的人干成事,让干成事的人多得益",计划举行临近退休教师关爱计划和青年教师青蓝工程培养计划。学校将依托"城乡学科互助联盟"学校,加大对学校教育教学管理干部的培训、对教师教学理念的引领、对学生快乐成长的培养,全面提高学校教育教学质量和办学水平。学校将借力城乡学科互助联盟、片区联盟学校、成都七中初中等资源,开展我校与优质学校的教学技能比武、课程构建交流、管理岗位经验论坛等活动,为教师搭建展示平台。

第五,经费投入重点项目,资源用到实处。为了提高乡村小学的教育条件、物质条件,我校多渠道筹集教育经费,得到镇政府、友邻学校以及爱心企业的大力支持。近年来,四川 T 公司以"振兴乡村教育,圆梦师生成长"为主题,向我校捐款 8 万元,用于我校"奖教助学";镇政府向我校发放慰问金 1 万余元,对我校少年儿童表示关怀;城区友好学校陆续帮扶资金 10 万余元,对学校校园文化、班级文化进行精心布置,要求各班定期更换班级之窗、黑板报,改善了学校的办学条件。

在日新月异的今天,在城市化的进程中,乡村教育是不能忽略的一方天地。但不必讳言,从目前情况来看,乡村教育还是中国教育现代化发展中的一个短板。校园内的计算机、多媒体教学系统等硬件设备,仅需以经济投入为后盾,完成现代化改革,而涉及人的因素,如乡村教师,尤其是乡村学生,他们的现代化改革不是一蹴而就的,他们的发展与提高关乎着我国乡村振兴的进度。如果能从现实出发,因地制宜,中国乡村学校也将迎来一个高速发展的春天。

三、乡村学校 Z 如何破局

第一,落实社会主义乡村振兴战略是党的十九大的战略部署,教育工作的中心任务是全面繁荣发展乡村义务教育。乡村教育是国家层面的兜底教育,乡村教育是为农民服务的、是富乡村的教育,要优先发展新型乡村教育事业,抓平衡、夯基层、补短板、提高品质,积极推动乡村义务教育均衡、高质量、健康发展,切实办好农民家门口的好学校,使广大农民的子女不出乡村就可以享受到和城镇居民相同的高质量公共教育资源，真正实现乡村振兴。

为此，我们应确保乡村初中办公经费，改变以学生人数定办公经费的模式，实行不足 350 人的学校，办公经费兜底按 350 人计算。延时课绩效分成留 30%用于学校维修，30%用于发放津贴，全市学校统筹 40%用于乡村学校（尤其是乡村初中学校）的调剂发放。

第二，注重建立一支优秀的教师队伍，形成一个良好的教学团队。教育教学工作是一个复杂的大工程，需要大家同心同德，凝神聚力，竭尽全力地齐抓共管。学校借助现代化的教学管理机制，建立精简有序、操作性较强的教学管理制度，建设一个精干的教学团队，建立一个真抓实干的教学管理团队，形成一个爱岗敬业的教师队伍，培育出全面发展的学生。管理团队有情怀、体恤一线教师；师资队伍讲德、重能、追求情怀。在这样的氛围下培养国家需要的新型人才。

以教学质量为考核重点，改革教学考核方式，实行同类学校同类班级考核方案。形成以评优选先、晋职晋级为考核机制，以类似"三州"支教政策为鼓励机制的方案，让优秀教师往乡下流动起来，让平庸教师自觉鼓起劲来。提倡将"城乡联盟"学校升级为城里名校合并乡里学校的办学方案，让生源、教职工在各"小集团"学校内循环。

第三，重视培训、选择、任用德才兼备、求真务实、精力充沛的好班主任。一位名人曾这么说：一只羊带领一群雄狮去打仗，这群雄狮也会成为一群羊；而一头雄狮率领一群羊去打仗，这群羊也会成为一群雄狮。由此可见，学校管理者的带头作用。出色的班主任，是时代的召唤、教育的追求、校园的希望！

青年教师有担当，学校发展有希望。青年教师强则学校强，青年教师进步则学校进步。我们的很多老教师年轻时带两个班外加当班主任，当时都有这样那样的困难，是信念和大局支撑他们走了过来。目前，学校到了真正的转型之际，"雄关漫道真如铁，而今迈步从头越"，强担当、敢超越、乐奉献成为主旋律。动力不是压力，积极而非消极，挑战而非避战，发掘潜力而非躲闪潜水，只要肯干，你走多远，都有大家与你相伴。为此，学校将为青年教师成长做好铺路子、竖梯子、搭台子工作。大量优秀教师的成就表明，青年教师选择了吃苦也就选择了收获，选择了挑战也就选择了舞台，选择了奉献也就选择了崇高。教师们是在一棵树撼动另一棵树、一朵云推动另一朵云、一个灵魂唤起另一个灵魂的不懈探索中，完成了生命的升华和超越，并感受到生命的快乐和幸福。只要我们有这种"校兴我荣"的情怀，有一种在困难面前勇担当的底色，那么定会在教育的星空中发出璀璨的光芒。

第四，倡导教职工钻研业务的干劲，因材施教，改革教育教学方法。由于优质生源缺失，甚至中等生也流失，招来的学生学习基础与习惯已经较差。传统的教学手段和方法已经很难充分调动这些中小学生读书的积极性。在教学上，采取分组互学互助的教学方式和其他创新的教学方式，完全以中小学生为主体，以教师为主导，可以充分调动他们的求知欲和创造性。学校要强化对育人过程的管理，让每个学生有进步，增多闪光点，增强自信心。加强对一线教师的绩效考核力度，做大校园各种评优晋级的"奖池"，让教师练好兵、有奔头，如果一座校园有一股正能量，有一种优秀的教育环境，有优秀的校风、教风、学风，那么这就是一所成功的乡镇初中学校。

第五，进一步强化教师职业道德教育，培养教职工的担当意识，并强调民主管理、规范管理、高效管理，进一步增强质量之魂意识。习近平总书记要求、期望教师变成"四有"好老师，校长也应当督促教师自觉地尽力变成"有理想、有深厚专业知识、有仁慈心灵、有道德品格"的好教师，用初心和使命提醒自己，用良好的师德师风考核自己。加强学校民主管理，也就是要把教师、学生变成学校的主人，当师生成了学校主人，他们的目标就会和校长一样，教师也会更深刻领会学校自身担负的责任和自己的使命。所以，校长应该发挥学校支部工作、教代会、教师工会等的功能，引导教师一起探讨新课题，一起决策，最后共同行动。在此基础上，学校必须更进一步强化科学教育、有效管理，严格遵守课堂教学六认真原则，加大对学校薄弱课程的攻关突破，变革传统教学模式，多从外部借鉴学习探索更有效的教学方法，寻找适应新课标的课程教育规律，探索适合校情、提高课程成绩的经验，在学校课程中的各个节上抓稳教学质量。

第六，整合社会资源，做有情怀的教育。乡村初中教育定位要准，德、智、体、美、劳更要五育并举，加强学生心理健康教育和行为习惯养成教育，加强寄宿制学校建设，让教育民生落到实处。联系各爱心社会资源，建立素质教育奖学金制度，"先学生之忧而忧，后学生之乐而乐"，外树形象，苦练内功，才能真正"幸福育人，育幸福人"。

以我校为例，从2018年秋季开始，随着学校新的行政班子建立，学校获得了良好的社会口碑，终于慢慢走出低谷，目前学校人员达到300人左右，处于上升势头，"让莘莘学子洒满金色阳光，让社会家长充满美好希望"的理想正一步步从蓝图变成现实。

第七，坚持"引进来"与"走出去"相结合，实现教育行业的"改革开放"。中国在改革开放的春风中，迎来了站起来、富起来、强起来的伟大飞跃，带来了中国的腾飞。在乡村教育改革中，我们也可以坚持"中国特色"，让"中国特色"在教育行业更加光芒万丈。乡村教育中的"引进来"涵盖范围很广，可以引进一种教育理念、吸引一位优秀教师到校交流、邀请一位家长作为"社会课堂"的老师，甚至可以利用优秀毕业生、同年级优秀同学等资源，将其带到学校，用同龄人的力量影响乡村学生。而"走出去"具有更强大的力量，让一位乡村教师"走出去"，学习先进的教育教学知识，充盈其专业能力；让一位表现较为突出的乡村教师"走出去"，展示其风采，增强其信心，也可增加社会认同感；让乡村孩子走出去，增长其见识，了解自己与同龄人的差距，可无形中激发其学习动力。总之，学校不可"闭门造车"，农村学校更应该以开放的心态改革，以使教师、学生、学校获得长足的发展。

从乡镇初中教育振兴的角度出发，学校要练好内功，政府要有为，城市名校要牵引，高校要智撑，社会资源要助力，最关键的是政府层面必须大力推进，这样乡镇初中教育才会"忽如一夜春风来，千树万树梨花开"。

第八章 "五位一体"协同机制构建

多元协同需要不同的主体共同参与，政府、高校、城市名校、社会组织与乡村学校需要彼此互相依存，共同合作。缺少任何一个主体都会影响协同效果，这就对协同机制的结构、构建方法提出了更多的要求。只有构建起科学、系统的协同机制，正确面对协同过程中存在的问题与挑战，才能真正实现"五位一体"的协同共进，实现乡村教育协同振兴。

第一节 协同机制

一、协同论

哈肯于 1973 年提出的协同学是有关系统各个部分之间的协作的一种理论[①]，主要研究单个系统通过协同视角存在和协作，使更多同类型的系统产生协同合作的可能[②]。在研究协同学时，序参量概念（Order Parameter）、支配原理和协同系统的自组织过程（Self-Organization）是协同的最基本特点，是研究协同学最值得关注的部分。

（一）序参量概念

序参量概念是协同学的基础概念，它可以有不同的形态。具体的一种物质或是心理、社会状态和现象都有可能是序参量。虽然在协同管理的过程中，影响系统发展与走向的因素有很多，但是如果能找到有决定作用、有最大影响的序参量，就能够引导系统向一定的方向发展。也就是说，只要找到系统发展的主要矛盾和变量，就能够影响甚至左右系统发展的结果。例如，一个学校的序

---

① 哈肯. 协同学：自然成功的奥秘 [M]. 戴鸣钟，译. 上海：上海译文出版社，1988：108.
② 哈肯. 协同学及其最新应用领域 [J]. 佚名，译. 自然杂志，1983（6）：410.

参量可能是创新精神、招生计划、专业培养计划、学生就业能力、管理制度、校园文化等,这些因素都是为了适应学校系统要素化合作的要求而形成的支配着学校各种活动、影响学校发展的重要因素①。这些要素之间的互相作用就能影响学校整体发展的宏观变化。也就是说,在不同序参量存在的协同学系统中,系统的宏观性质常常通过这些序参量之间的协同或竞争反应②,系统的有序化程度也会受到一个或多个序参量的大小的影响。当序参量的影响未达到阈值时,子系统之间的关联较弱,处于相对独立状态,就会导致无序;当序参量影响较大,子系统之间的关联较多,协同作用的结果就会产生宏观的有序③。

(二)支配原理

协同学中第二个值得重视的特点是支配原理,支配原理是指在系统之中,序参量会迫使其他因素和状态进入序参量本身的轨道。哈肯将控制系统的参变数分成了慢变量和快变量,认为慢变量支配快变量,从而确定了控制系统的发展进度,也确定了控制系统发展的趋势,其中的快慢变量是最主要的有序参量,对系统发展起着主导作用④。当系统中大部分序参量得到控制,系统向着一个方向有序运行的时候,就算依然存在会影响系统运行的参量,这些参量也会受到系统有序状态的支配,向着有序的状态行动。比如,在思想政治教育之中,指导思想一旦通过与系统各要素的竞争与协同形成了一种宏观的思维模式,作为一种序参量它对大学生的思想政治教育系统就会产生支配作用,并支配其他因素对大学生思想政治教育的影响⑤。也就是说,在单个系统的协同工作引起有序的结构或过程之中,结构或过程就会以一定方法沿着某种方向展开,将原本无序的个体重新吸收到已产生的秩序状态中。与此同时,各个个体又继续维持着有序状态⑥。

(三)自组织过程

协同学第三个值得关注的概念是协同系统的自组织过程。哈肯发现,当系

① 罗兴武. 形成教育合力重在"三个协同"[J]. 浙江交通职业技术学院学报,2007(3):55.
② 哈肯. 协同学:自然成功的奥秘 [M]. 戴鸣钟,译. 上海:上海译文出版社,1988:109、239.
③ 邹刚,敖永红,张银丽. 协同学原理和现代网络教育资源建设的关系 [J]. 电化教育研究,2008(4):43.
④ 颜泽贤,范冬萍,张华夏. 系统科学导论 复杂性探索 [M]. 北京:人民出版社,2006:43.
⑤ 郑广祥. 大学生思想政治教育的协同作用及序参量的探析 [J]. 系统科学学报,2019(4):108.
⑥ 哈肯. 协同学:自然成功的奥秘 [M]. 戴鸣钟,译. 上海:上海译文出版社,1988:145、239.

统处于可以和周围的环境发生交换的开放状态——如物质、能量和信息的交换，保持有序并不一定需要首先创建较高层的有序的控制力。只要在系统中存在竞争选择过程，即使最开始的序参量是纯粹偶然形成的，它也会在运动中得到加强，形成有序的系统①。这是由系统的自组织过程决定的，在这样的自组织过程中，系统的自组织性和序参量之间是相互影响的，一方面自组织性影响序参量的大小波动，另一方面序参量的变化也会影响系统的自组织结构②。协同学的深刻正在于协同学提出的自组织特性，它比之前提出的耗散结构论更有预测力和预见力，更能具体地阐释社会这一系统中的"人—人"特征③。自组织性的存在意味着，当社会系统有外在的竞争选择的过程时，当系统能够拥有信息的交换时，就能通过自组织获得有序的变化与发展。目前县域教育发展中，就会强调县域学校的自组织性，会更强调学校作为独立个体的作用，强调学校在没有外在组织力、没有中心控制的情况下，自身通过相互作用、相互影响、自然演化而进行自主的发展，以形成有学校特色的，适应学校成长的教育自组织系统。这一种自组织系统，往往更能实现教育的常态化发展，从根本上摆脱对行政权威的组织依赖和资源依赖，从而获得内生的动力和活力④。也就是说，协同学的精神其实并不在于通过外在强加的变量来改变系统本身的轨迹，而是强调通过促进系统的自组织能力，并且通过提供与周围环境的互动和交换条件，促使系统通过序参量进行全局性的变化，在自组织的作用下，让系统发生质的变化与提升。

二、协同学在教育领域的应用

由于协同学可以通过引入一些宏观参量来解决若干复杂问题，可以将相当复杂的系统用少数几个序参量来描述分析，所以协同学在多个领域均有运用。哈肯也就协同学在经济学和社会学中的应用举了很多例子⑤，其中企业管理方

① 哈肯. 协同学：自然成功的奥秘 [M]. 戴鸣钟，译. 上海：上海译文出版社，1988：45.

② 邹刚，敖永红，张银丽. 协同学原理和现代网络教育资源建设的关系 [J]. 电化教育研究，2008（4）：44.

③ 陈峰. 协同学理论及其在教育研究中的移植 [J]. 湖南师范大学社会科学学报，1993（4）：109.

④ 刘佳，王群力. 脱贫与超越：县域推进大规模在线教育的组织化优势与自组织转向——以卢氏县为例 [J]. 中国电化教育，2020（9）：85.

⑤ 哈肯. 协同学及其最新应用领域 [J]. 佚名，译. 自然杂志，1983（6）：5.

面对协同学的应用是最多的[①②]。除此之外，如何利用协同学促进教育发展也越来越受到重视。

（一）产学研合作协同

早在改革开放初期，我国就开始推展产学合作教育，出台了许多关于教育协同的政策文件。党和国家高度重视产学研合作及其协同创新，在 2015 年发布的《国务院办公厅关于深化高等学校创新创业教育改革的实施意见》中基本原则部分明确提出，我们需要坚持协同推进，汇聚培养合力，集聚创新创业教育要素与资源[③]。在 2017 年 12 月 5 日发布的《国务院办公厅关于深化产教融合的若干意见》的原则和目标中又再次提到"校企协同，合作育人"，要充分调动企业积极参与产教融合的积极性和主动性，加强地方政府指导，积极先行先试，推动企业供需衔接和业务流程再造，建立校企合作的长效机制[④]。教育部自 2014 年起持续推动"产学联合协同育人计划"，通过集聚社会企业资源，帮助高校开展教学和课程变革、师资培训、实验条件建立、学校外重点实验基地建立、创新创业教育改革以及大学生科技创业[⑤]。产学研协同合作作为比较成熟的合作模式，已经得到较为充分的发展。

（二）高校协同

许多高校在课程设计与教师发展方面也提出了不少协同发展的构想。北京师范大学通过设计和推行"学校主导、当地政府协同、中小学积极参与"的"师范类高校—当地政府—中小学"协同合作，进行"中小学生教师的职前培训、入岗教学和任职研修等系统化工作"的创新模式，在学校、家长、社会、各地教育主管部门与学校课程教学研究组织间通过互动合作，利用学校课程权力、能力与教育资源，共同进行学校模式改革创新[⑥]。2010 年，北京石景山区

---

① 柯青，沈惠敏，刘高勇. 企业协同知识管理的系统科学性研究［J］. 情报杂志，2010（9）：119.

② 魏中浩，陈洪，杜毅. 协同学和企业管理［J］. 中国科技产业，2006（9）：65.

③ 国务院办公厅关于深化高等学校创新创业教育改革的实施意见［EB/OL］.（2015－05－04）［2021－02－07］. http://www. moe. gov. cn/jyb＿xxgk/moe＿1777/moe＿1778/201505/t20150514＿188069. html.

④ 国务院办公厅关于深化产教融合的若干意见［EB/OL］.（2017－12－05）［2021－02－07］. http://www. moe. gov. cn/jyb＿xxgk/moe＿1777/moe＿1778/201712/t20171219＿321953. html.

⑤ 教育部高等教育司. 教育部高教司关于公布有关企业支持的产学合作协同育人项目立项名单（2016年第一批）的函［EB/OL］.（2016－12－16）［2021－02－07］. http://www. moe. gov. cn/s78/A08/tongzhi/201612/t20161219＿292410. html.

⑥ 胡定荣. 学校课程创新：从自主到协同［J］. 课程·教材·教法，2015（11）：24－25.

教委联手北京师范大学合作建立"石景山区绿色教育试验区",尝试借助合作高校、地方教育主管部门、中小学校三者,共同建立推动地区教育优化、平衡、可持续发展的创新模式,全方位改善地区教育质量①。2015 年,重庆师范学院与各区县政府、教科研组织以及小学合作推出首个联合培训项目,和七个区县的师资研修院(校、室)以及部分乡村小学联合推出"大学引导、政府部门牵头、教科研组织助推、小学校积极参与"的互动式管理机制,有效地破解了小学全科师资培训中"开放式办学"和"接地气"等老大难问题②。这些年来,高校在教师培养与发展、课程建设与创新上,与许多基础学校和政府部门进行协同,以提升教育发展质量,实现教育系统的可持续发展。

（三）家园社区协同

社区协同既有高校和中小学之间的合作,也有中小学校和家园社区之间的合作。2019 年,山西提出要完成中小学生减负计划,就必须形成家庭与学校的共育合力,市妇联、教育委员会等行政部门也要整合协调社会资源以支持家庭教育,共同促进建立政府领导、部门配合、家庭参加、学校组织负责、社区支持的家庭教育工作格局③。2020 年,全国政协委员、北京第十二中学联合学校总校校长李有毅指出,要促进"家—校—社"的协调互动,建立以家庭体育为根本、以校园体育为中心、以社会体育为拓展与补充的运动立体发展方式,推动家庭、校园、社会资源的共享与优势互补,促进体育治理体系与治理方式现代化④。这种学校、家庭、社会之间的合作,使得教育不仅仅发生在学校,而是集聚社会的力量共同为教育的发展提供支持。

（四）区域教育协同

各行政区域间的教育合作发展和协同也有较多的案例。如 2015 年,为增强京津冀高等学校共同服务地方的协同发展实力,北京工业大学、天津工业大

① 叶向红,石中英. UDS 协同创新三方合作促进区域教育发展 [J]. 北京教育（普教版）,2012 (11)：4.

② 肖其勇. 高校＋地方政府＋地方教育研训机构＋农村小学——四位一体培养农村小学全科教师 [EB/OL]. (2015－04－01)[2023－01－09]. http://www.chinateacher.com.cn/zgjsb/html/2015－04/01/content_106065.htm.

③ 山西省教育厅等九部门关于印发《山西省中小学生减负实施方案》的通知[EB/OL]. (2019－06－21)[2023－01－10]. http://jyt.shanxi.gov.cn/sjytxxgk/xxgkml/jytwj/202110/t20211016_2653399.html.

④ 新华社. 李有毅委员：打造"家—校—社"协同联动的青少年体育发展模式[EB/OL]. (2020－05－27)[2023－01－09]. https://www.chinanews.com.cn/gn/2020/05－27/9196228.shtml.

学、河北工业大学宣布,联手组建"京津冀协同创新联合体"①。2019年,中共中央、国务院发布了《粤港澳大湾区发展规划纲要》,其中指出,在粤港澳大湾区要建成教学和人才高地,以促进教学协作蓬勃发展,支持粤港澳区域高等院校联合办学,发挥粤港澳区域高等院校联合体的功能②。2020年,重庆市教委和四川省教育厅在渝签订了推进成渝地区双城经济圈建设的合作推进框架协定,将加强重庆市与成都市之间的中心城市引领功能,加快推动成渝地区双城经济圈教育协同发展③。2020年,"双城古道教育协同发展联盟"成立,意在促进联盟教育协同发展和创新,更好地服务成渝地区高水平经济发展④。地区间的合作发展,不仅能够实现地区之间的教育研究成果共享,还有利于地区之间的合作协同发展,为实现"两个一百年"发展蓝图贡献力量。

（五）互联网与教育的协同

除此之外,学者对传统教学资源与现代互联网教学资源间的协调,也有许多研究和实践。有研究人员认为,把协同学原理运用到教学资源构建中,将有利于学校通过有目的、有规划地建立有序结构,推动校园教学资源的有效配置,提升校园的教育科研水平⑤。我国的开放高校早在2012年就已经明确提出将教育资源整合至云端,并利用各地区分校间协同工作的机制,聚集优势力量,突破地域局限,共同建设精品课程,提供给国内所有开放高校的学习者使用,提升教育资源利用效益⑥。新冠肺炎疫情期间,北京各院校均将教育领域的严峻挑战视为下一次变革与升级的重要机会,经过协同努力在网络空间建立了"云课堂",使学校的线上教学能力远超预期⑦。2020年,教育部提出,为

① 董洪亮. 三地高校携手成立"京津冀协同创新联盟"[EB/OL]. (2015-06-15)[2023-01-09]. http://edu. people. com. cn/n/2015/0615/c1053-27153522. html.
② 中共中央国务院. 《粤港澳大湾区发展规划纲要》[EB/OL]. (2019-02-18)[2023-01-11]. http://www. gov. cn/zhengce/2019-02/18/content_5366593. htm#1.
③ 胡航宇. 成渝加快推动双城经济圈教育协同发展[EB/OL]. (2020-04-30)[2023-01-09]. http://www. moe. gov. cn/jyb_xwfb/s5147/202004/t20200430_448870. html.
④ 廖慧尘. 唱好"双城记"共建成渝基础教育新高地——双城古道教育协同发展联盟启动仪式在我区举行[EB/OL]. (2020-09-29)[2023-01-09]. http://www. ddk. gov. cn/zwxx_271/qxdt/202009/t20200930_7937124. html.
⑤ 邹刚,敖永红,张银丽. 协同学原理和现代网络教育资源建设的关系[J]. 电化教育研究,2008（4）:46.
⑥ 李建民. 国家开放大学:信息化引领教育现代化[EB/OL]. (2012-08-21)[2021-02-07]. http://www. moe. gov. cn/jyb_xwfb/s5148/201208/t20120820_140801. html.
⑦ 施剑松. 调查显示,首都高校逾七成学生对网络授课给予较高评价——"云端课堂"打开协同育人新方式[EB/OL]. (2020-04-21)[2021-02-07]. http://www. moe. gov. cn/jyb_xwfb/xw_zt/moe_357/jyzt_2020n/2020_zt03/zydt/zydt_gxdt/tkbtx/202004/t20200421_445172. html.

进一步发展素质教育，将积极推进"互联网＋教育"蓬勃发展，推进信息与教育课程实施深入融入，革新教育模式，进一步发展更有品质的教育，制订进一步完善"专递课堂""名师课堂"和"名校网络课堂"的应用意见，建立健全运用信息化技术手段拓展学校优质教育教学资源覆盖范围的有效机制，推动优质教育均衡发展[①]。互联网与教育之间的协同发展，使传统教育突破了空间和时间的限制，教育资源利用率提升，这对推进教育均衡发展也有很大意义。

虽然协同学在教育领域已有诸多运用，并且有了明显成效，但依然存在不足。目前协同一般是由政府和学校或社会与学校等双主体协同建设，协同参与主体较少且比较单一；建设内容主要集中于课程体系或学校某个层面的体制机制构建，如劳动教育课程、教师专业成长平台构建；相关研究对象主要集中在城市学校和高校，针对乡村学校的协同研究较少；只有少部分学者对协同过程中的诉求、内涵、着力点、实施原则、举措和成效，对如何通过区域协同来推进乡村学校课程建设进行了论述[②]。关于乡村教育的协同研究大多数停留在理论阐述层面，实证和应用研究较少，尤其是对"五位一体"协同振兴乡村教育的相关研究成果还有待补充。

三、教育系统协同的基本路径

为了使协同学理论能够较好地运用到乡村教育振兴中，我们首先需要明确协同学能够在教育领域得以运用的前提，分析协同系统得以展开和组织的条件，对教育系统进行具体细致的分析，思考乡村教育中的协同重点和难点，寻找适合乡村教育的协同过程，明确乡村教育中协同关系的展开步骤，以激发教育系统的内生动力，促进乡村教育的常态化发展。

（一）社会是一个自组织的协同系统

社会是一个开放系统，是一个不断变化的有机系统，这是协同能够"五位一体"展开的前提。马克思在《资本论》中提到："现在的社会不是坚实的结晶体，而是一个能够变化而且经常处于变化过程中的机体。"[③] 具体来说，社会由政府、企业、学校等各种性质、类别的复杂子系统组成，这些子系统不是一成不变的，它们会通过各种各样的竞争与合作，不断地交换物资、能量、信

---

① 教育部关于加强"三个课堂"应用的指导意见［EB/OL］.（2020－03－05）［2021－02－07］. http://www.moe.gov.cn/srcsite/A16/s3342/202003/t20200316_431659.html.

② 蔡其全. 区域协同推进乡村学校课程建设［J］. 现代教育，2017（9）：13.

③ 中共中央马克思恩格斯列宁斯大林著作编译局. 马克思恩格斯全集：第23卷［M］. 北京：人民出版社，2006：12.

息，按照一定的节奏促进社会演变。这意味着，在这样的有机系统中，存在着可以互补的差异，也存在着无序的状态，而在这一状态下，序参量的介入可以成为群体有序的源泉与动力，促进群体向某一方向有序前进，推动社会的进步与发展。也就是说，社会系统的自组织性意味着协同发展的可能性。

（二）教育系统的特殊性

教育系统是一种人造系统，主要由各式各样的人构成，是社会需求控制和自我调控的复合物，是自组织与他组织交织的系统，它不仅受社会的影响，随社会的发展与需求而变化，还深受社会意识、价值观、政治、经济等因素的激荡。教育系统更会受到系统中不同人的主观性倾向等模糊因素的影响。在研究教育系统的协同作用时，我们应当考虑到教育系统中人的自我意识的介入，使得教育系统的自组织特性区别于哈肯在协同学中所描述的自然系统的自组织特性，有必要针对教育自身发展的规律和特点提出符合教育系统的协同过程，对教育系统中各组成部分的协同动机与需求进行具体的分析，对协同的内容方法进行针对性的设计，真正地关注教育系统协同中存在的问题，并根据教育系统的情况及时调整，谨防出现不解决实际问题、过度夸大协同作用的"伪协同"[①]。

（三）协同关系的过程

协同关系的过程是复杂多样的，不同的研究者对它有不同的观念、态度以及步骤划分。有的研究者将协同过程分为准备阶段、运行阶段、终止阶段三个环节[②]。还有的学者则认为协同的关系必须经过一种相互间从不熟悉到熟悉的过程，找到结合点进而产生协作任务，并通过磨合产生整体效果[③]。在企业管理中，沟通、竞争、合作、整合、协同被认为是进行协同创新管理的五个阶段[④]。然而，这种协同过程更多还是依赖系统组织的自发性，对于协同过程的具体把握不足，对协同各主体的依赖较高。有的研究者结合以往研究，以流程梳理优化为核心，匹配实施要素，清晰操作流程，明确制度标准，通过提取绩效指标、识别风险点、制订控制措施等方式，将协同任务落实到岗，并以评价考核促进任务落实。这种以流程梳理优化为核心的协同过程建设，更有利于协

---

①　陈峰. 协同学理论及其在教育研究中的移植 [J]. 湖南师范大学社会科学学报，1993（4）：111.

②　吴悦，顾新. 产学研协同创新的知识协同过程研究 [J]. 中国科技论坛，2012（10）：19.

③　胡定荣. 学校课程创新：从自主到协同 [J]. 课程·教材·教法，2015（11）：25.

④　郑刚，朱凌，金珺. 全面协同创新：一个五阶段全面协同过程模型——基于海尔集团的案例研究 [J]. 管理工程学报，2008，22（2）：24.

同的进行与落实①。

具体来说，为了能够更加高效地构建"五位一体"协同振兴乡村教育体系，需要经过如图 8-1 所示四个步骤。

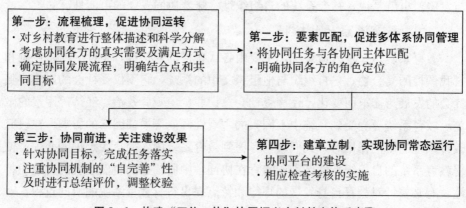

图 8-1　构建"五位一体"协同振兴乡村教育体系步骤

第一步，流程梳理，促进协同运转。协同的第一步需要对现有的主体状态进行分析梳理，通过查阅各方面文献与实证研究，对乡村教育进行整体描述与科学分解，梳理目前乡村教育的现状以及各主体做出的努力。在相关政策的引领下，根据实际状况和发展变化以及协同各方相互适应和调整的情况，考虑协同各方真实的需要及满足方式，采取多种手段确定协同发展流程，明确协同结合点与共同目标。

第二步，要素匹配，促进多体系协同管理。协同的第二步在于将协同任务与各协同主体匹配，主要包括建立角色体系、明确协同规则体系，促进责任落实与风险管理，根据协同各方的特点与需求，明确协同各方的角色定位，并且促进责任落实，防止出现名义上协同，实际上没有协同的伪协同状态。

第三步，协同前进，关注建设效果。当相关机制落实，协同步入常态化的时候，各方面就可以针对协同目标，落实任务，在这一阶段，需要注重协同机制的"自完善"性，关注协同过程中各方面的需求与状态，对协同方式进行动态的调整。针对乡村教育，从校园前期环境建设、乡村学校特色体系构建、课堂教学质量建设、总体教学质量提升等维度逐步推进乡村教育建设。在这个过程中，各主体要及时进行总结评价，调整校验。

第四步，建章立制，实现协同常态运行。协同的第四步在于要将协同推向

① 孙喜龙，马彦辉. 中小企业信息化管理探讨 [J]. 中国管理信息化，2017，20 (13)：81.

常态化，其主要方式在于协同平台的建设以及相应检查考核的实施。开发"五位一体"协同平台，方便各方快捷、及时地获取相应资源，组织开展协同任务，也方便管理监督部门及时关注协同状态，根据协同状态，及时更新协同机制，保障协同机制的成果落地与持续改进。

第二节　协同机制构建的基本原则

协同振兴乡村教育机制需要考虑不同主体的需求，依靠必要的组织结构，形成责任、任务互相协调、相互促进的有机整体，其中教育性、科学性、合作共赢和重点突破是构建协同机制需要遵循的最基本原则。

一、教育性原则

教育性原则是协同机制构建最基本、最重要的原则。构建协同机制的本质是为了服务教育，为了促进学生的成长与发展，为了满足社会教育的需求，为了促进学校教育功能的达成。所以协同机制构建要以教育为先，为提升教育工作者的教学效率和教学质量服务，从而达成促进学生发展的基本目标。

教育性原则意味着机制建设的目标制定、活动开展、评判标准都要牢牢以教育为核心，也要以国家教育的根本任务为核心。此外，中国乡村教育不但担负着立德树人、培育人才的任务，同时，也担负着反哺乡村建设、重塑传统村风的重要功能，在中国乡村振兴特别是在人才培养中有着无法取代的重要功能。在活动目标的设置上，不仅要树立德、智、体、美、劳全面发展的目标，更要立足乡村，与乡村生产劳动相结合，以培养能够了解乡村、建设乡村的接班人为目标，更要尊重受教育者的个性发展，体现其主体性、独立性与创造性。在教育活动开展的过程中，教育活动的设计要促进教育目标的达成，认真落实好《乡村振兴战略规划（2018—2022年）》，用最优秀的教育资源给乡村振兴事业带来更多发展动力。此外，在评价标准的设立上要紧紧围绕着乡村教育发展振兴的核心价值，联动着对学校和学生的评价标准，影响着教育目标的实现，因此，评价标准要围绕社会与个体对于教育发展的需要，重视评价标准的有效性。

二、科学性原则

科学性原则是指在协同的过程中，要充分尊重实践与理论的关系，以先进的科学理论作为指导，同时要运用合理的技术手段来观察、认识和实施具体的活动。在机制构建时更要遵循科学规律，有客观的科学理论基础，要有前期规划、调研、分析、实践、修正等一系列循环往复的过程，以客观事实为依据，以科学理论为支撑，构建科学完整的系统体系。

科学性原则意味着在构建协同机制时，需要以理论为指导，以需求为导向，以实践为标准。以理论为指导需要以先进、科学、适宜当下实践发展的理念作为指导基础，积极学习先进思想，淘汰不适应时代发展的理论，及时转变协同理念，坚持以先进科学的理念作为方向。以需求为导向强调要客观、真实地发现各主体的共同需求与个体的特殊需求，增强资源配置和需求的适配度，更有利于各主体发挥现有的资源和优势。促进有限资源和现实需求的适配是一项长期工作，也是协同的关键，通过资源整合、资源分类、资源共享，以现实需求为导向合理配置资源，才能更好地物尽其用、人尽其才，实现协同的可持续发展。以实践为标准强调要通过系统和合理的实践活动检验协同机制的有效性，实践是检验真理的唯一标准，是全面科学的标准。为了有效地从实践活动中检验机制的合理性，需要针对实践活动进行体制化建设，明确各主体间的责任，明确分工，促进各主体在实践中进行研究与学习，增强各主体的协同能力。同时，也要重视体制化建设的系统与开放，在系统化实践建设中支持各主体针对实际需求开展活动，对协同中不稳定的因素进行灵活的调整。

三、合作共赢原则

合作共赢原则是指在协同的过程中，要积极推动各主体之间在理念、制度、文化、实践方面的合作共生，强调合理利用与分配各主体的资源，促进各主体目标的达成和共同目标的达成。协同的本质是促进各主体的合作共赢，在乡村教育的利益相关者之间建立良好的合作关系，风险分担，利益共享。

合作共赢原则意味着在构建协同机制的时候强调广泛参与、互助、共享。首先强调的是广泛参与。统筹乡村教育振兴是政府的职责，但是乡村教育振兴是多方的共同责任，除了政府之外，乡村学校、城市学校、社会组织和高校都应当加入乡村教育振兴，实时参与其中。当协同中的各利益主体都积极地参与到协同中，才能更及时、有效地协调各方的需求与冲突，减少协同过程中的阻力，保障协同中各主体的积极性和主动性，实现合作共赢。其次强调的是互助，乡村教育协同不是单方面的索取与给予，而是双向甚至多向的互惠互利，是共同帮助与成长，在合作共赢中挖掘各主体之间的优势与需要，实现优势互补，长期发展。最后强调的是共享，利用多项资源解决单一主体难以解决的困难可以减少成本，但达成这一切的前提是主体之间有共享资源的渠道。

四、重点突破原则

重点突破原则是指协同机制需要在同一目标的引领下，重点击破各类小问题，加强主体之间的相互作用和影响，创造能够内部调控、稳定有序的协同机制。协同发展并不意味着同步发展，在构建协同机制时，需要抓住"五位一体"乡村教育振兴的主要矛盾，合作攻关，力争逐步在协同中取得较大进展，通过量变累积质变、质变激励量变，以点带面，最终达成全面协同发展。协同的发展离不开外部环境的压力以及内部激励的动力，不止受一个要素的影响，是一个多维度、非线性的动态过程，涉及不同角度的互动合作引起的全面的系统转变，是一个整体和部分共同推进的系统。"五位一体"协同虽然是一个全局性的战略，但更离不开各主体间的协同带动。

重点突破原则意味着在构建协同机制时，要挖掘主要矛盾，各个击破，并形成模式逐步推广。协同机制统筹者与各主体对协同中遇到的主要困难和矛盾应有系统的归纳和整理，挖掘矛盾的共性，找出主要"症结点"，重点击破。各个击破需要以点带面，先易后难，先局部后整体，先探索后完善，逐步形成区域教育协同发展的良好局面。在逐个击破矛盾时总结关键经验形成模式，形成可操作化范本，实施区域化联动，最终达成多中心、多层次、多形式的教育协同发展网络。

第三节 "五位一体"协同机制构建

协同振兴乡村教育需要各主体之间同心协力，政府、高校、城市名校、社会组织和乡村学校各自的角色定位各有不同，这就需要各主体基于现实情况，明确权责，同心协力，多方发力，共同促进乡村教育的振兴。总的来说，乡村教育的协同振兴机制中，政府是协同发展的主导者，高校是协同发展的引领者，城市名校是协同发展的助推者，社会组织是协同发展的支持者，而乡村学校则应当是协同发展的策划者和执行者。

一、政府：协同发展的主导者

政府是乡村教育"五位一体"协同发展的主导者，在乡村教育建设之中，政府应当发挥主导优势，引导高校、城市名校、社会组织与乡村学校同心同力推进乡村教育的协同发展，明确乡村教育振兴的指导思想、目标任务和基本原则，进行政策和制度安排，根据目标对各方面进行分类部署，并且为各方面的建设提供基本的保障与监督，发挥政府的部署、保障和监督作用。

（一）充分认识乡村教育重要性，合理分配资源

教育改革发展需要公共行政机构进行资源配置，协调这些服务类型与项目所涉及的各种利益关系，以满足社会各个阶层和群体的需求。在乡村教育振兴中，首先政府要运用公共权力，明确人力、物力和财力对教育的投入力度。在财政投入方面，政府还需要开展更广泛的供需调查，建立对资金运用情况的全程评估制度。政府需要通过开展调查研究、讨论、公示征求意见、送审完善等阶段，确认乡村教育振兴总体规划以及资源分配方案，根据乡村教育的现状，保障其建设方向。其次对于积极参与乡村教育协同建设的单位和人员，政府也应当从政策上给予支持和鼓励，为乡村教育协同体系的建设积蓄更多人才力量。从财政上给予乡村教育发展最基本的支持。

（二）不断完善协同机制，推进乡村教育发展

政府在教育改革中处于主导的地位，对于高校、城市名校、乡村学校和社会组织都有一定的制约作用。政府在教育改革中，有必要明确不同教育组织的权利与义务、职责和权限，保障乡村教育振兴的顺利运转，并且尽最大可能提高教育行政管理的效率。《国家中长期教育改革和发展规划纲要（2010—2020年)》指出，有必要按照基础教育由地方负责、分级管理的原则，加强政府宏观管理、服务和协调的能力。随着信息技术的飞速发展，教育行政组织机构从金字塔式向扁平化、小型化发展成为必然趋势，教育监督手段从单一走向多样，问题解决的时效性增强。重要的是，在乡村教育"五位一体"协同建设中，政府部门应当注重乡村学校的自主权，更多地从宏观层面进行鼓励和引领，使乡村学校可以根据自身实际情况制订发展目标。这样政府也能将更多的精力用于完善顶层设计，分析各方需求，促成利益同构，完善制度机制，保障评估监督。

二、高校：协同发展的引领者

高校是乡村教育"五位一体"协同发展的引领者，在专业上引领乡村教育向着更高质量的方向发展。高校掌握了更多教育知识，了解更多先进的教育理念，可以在协同发展中传递先进的教育理念，发挥专业引领的作用，不断推动协同机制高质量发展。

（一）重视人才，建立成熟的培养机制

乡村教育振兴需要高校提供一大批愿意并且能够从事乡村教育的高素质教师，需要高校不断根据乡村教育发展重点更新人才培养目标，确保人才培养的质量，培育一支有理想信念、有道德情操、有扎实学识、有仁爱之心的"四有"好老师队伍。这不仅需要高校尤其是师范类院校做好在校学生的培养，提高他们的职业信念与专业能力，还需要高校为目前在职的乡村教育教师提供发展的平台，促进他们的专业成长。高校要从多方面为乡村教育的振兴提供人才，让更多高质量的新鲜血液能够汇入乡村教育振兴的建设队伍之中，引领队伍前行。

（二）深入调研，加快成果转化与运用

高校应当深入调研，制订帮扶计划，与政府一起推进乡村教育建设，帮助确定各级政府、高校、城市名校、社会组织与乡村学校的责任与权力，深入研究中国乡村教育特点，明确乡村学校的真实需求，形成较为完整的理念体系，并且尽快地将理念体系运用到实践之中，将理论研究视野聚焦到真实教育情境之中，加强与各协同单位的沟通，加强协同产出，引领乡村教育"五位一体"协同发展高质量前行。

三、城市名校：协同发展的助推者

城市名校是乡村教育"五位一体"协同发展的助推者。区域内学校之间的合作有利于整合优化教育资源，推进基础教育均衡、优质发展。城市名校储备了大量可以共享的优质资源，可以与乡村学校合作交流、资源共享，为乡村学校提供新视野，推动其创新与发展。

（一）加强专业合作交流，助推城乡共同发展

城市名校和乡村学校之间应当加强专业合作。首先通过观摩课、模拟课与教研课等方式，支持乡村学校教师到城市名校进行观摩，使协同发展向更加日常化与规范化的方向发展。其次还可以通过岗位交流、顶岗实践等方式，给双方教师、干部搭建锻炼、交流和发展的平台。城市名校的教师、干部可以到乡村学校交流，认识乡村教育的难题，引领乡村教师提高；乡村教师、干部进入城市名校，感受名校氛围，学习名校办学技巧，并结合乡村学校实际情况，促进乡村教育的发展。通过专业上教师与干部的共同合作与交流，提升双方办学能力与质量，助推城乡教育均衡发展。

（二）共享课程资源，助推乡村教育发展

由于"农村中小学现代远程教育工程""农村义务教育薄弱学校改造计划""农村教学点数字教育资源全覆盖"等工程项目的落实，以及"三通两平台"等工程项目的持续推动，部分乡村学校的办学条件和信息化基础设施获得了很大提升①。城、乡学校基础设施上的差距已经在逐步缩小，但是在资源占有上的差距依然很大。目前对乡村教育的扶持重点，应当逐步从物质上的帮扶转向人文上的帮扶。与城市名校共享课程资源，帮助乡村学校建立属于自己的乡村课程。乡村教育的文化内核保存是乡村教育发展的一个重难点，而城市名校在课程资源共享上的助推，不仅可以帮助乡村学校打开视野，更可以帮助乡村学校保留本土文化的内核。

四、社会组织：协同发展的支持者

社会组织是乡村教育"五位一体"协同发展的支持者，乡村教育要协同发展离不开社会组织的支持，离不开乡村学校所处的社会环境的支撑。在乡村教育振兴中，社会组织也应当承担应有的社会责任。首先，作为协同发展的支持者，社会组织应当明确乡村教育建设对全中国的重要意义，积极调动社会资源，全力发展乡村教育。其次，社会组织作为舆论传播地，应当减少对乡村教师乃至乡村教育的负面解读，有必要弘扬正能量，给予乡村建设者们更好的社会氛围。

（一）调动社会资源，全面发展乡村教育

在发展乡村教育的道路上，全社会都应当树立高度的责任意识，加强乡村教育发展的责任感，形成对乡村教育的支持。社会上应当形成科学的社会救助网络，通过对社会救助网络的构建整合社会资源，提高社会力量对乡村教育帮扶的精准度与效率。引导更多的社会资源如企业、志愿者、社区等第三方力量参与到乡村教育之中，为乡村教育建设贡献自己的力量。社会各界也应当明确自己的责任与义务，敢于担当，在政府主导下，紧紧跟随乡村教育协同发展的步伐，加强自身与协同体系的链接，为乡村教育协同发展提供力所能及的支持。

（二）重视舆论引导，营造良好的社会氛围

乡村教师的职业尊严问题一直是乡村教育发展的重大问题。如今乡村教师

---

① 梁林梅，陈圣日，许波. 以城乡同步互动课堂促进山区农村学校资源共享的个案研究——以"视像中国"项目为例 [J]. 电化教育研究，2017，38（3）：38.

岗位流动性比较大,给社会群众留下了不好的职业印象。社会有责任营造良好的舆论氛围,大力宣传乡村教育建设的重要意义,着重强调乡村建设者身上的优点与不易,宣传表彰优秀模范和榜样,给予乡村教育建设者应有的尊重与鼓励,激发社会各界的教育情怀,鼓励更多人投身乡村教育的建设与发展之中,为乡村教育"五位一体"协同发展提供舆论支持。

五、乡村学校:协同发展的策划者与执行者

乡村学校是乡村教育"五位一体"协同发展的策划者与执行者,这意味着乡村学校的校长和领导不是被动地等待上级传达命令再去实施,而是要积极参与研究如何实现乡村振兴,决定乡村教育振兴的发展之路,因地制宜地策划乡村教育振兴的实际道路。乡村学校首先必须分析学校发展的现实问题,在当地政府领导、高校引领、城市名校推动、社区机构帮助的情况下,明确乡村学校的教育重心,确定进一步发展方向,通过提高乡村学校教职员工的整体思想,带动乡村学校教职工发展。

(一)政策为领,明确学校发展重点

乡村学校首先需要明确乡村学校发展的重点。政策性和教育性是乡村学校策划乡村振兴方案的基本原则。政策性是指乡村学校在设计乡村振兴方案时,需要将党的路线、方针、政策和国家的各项法律法规作为基本依据,在设计教育发展重点时,要认真学习参考党和政府的纲领性文件,保障乡村学校能在为祖国做贡献的道路上发展。教育性是指无论学校能够做什么,应该做什么,都不能忘记学校的中心任务是教学,乡村学校需要牢牢抓住教育发展契机,在高校与城市名校的引领与助推下,明确教育发展任务,保障学生能够德、智、体、美、劳全面发展,保障素质教育高质量实施。

(二)人才为先,提高学校人力管理能力

对乡村学校来说,提高乡村学校中的人力资源管理水平是非常重要的。乡村学校在乡村教育振兴中的重点不仅仅是图书馆规模、学校历史等方面,更重要的是要端正教师和其他员工的态度和行为,促进乡村教育的全面发展。乡村学校应当明确乡村教师的角色,了解乡村教师的困惑与压力,解决乡村教师面对的问题,全力促进乡村教师的发展。这需要乡村学校中的所有教职员工共同努力,凝聚力量。作为校长,应当提高领导力,提高人力资源管理能力,团结同事,共同为乡村教育建设而努力;作为教师,应当自觉遵守各项规章制度,并努力提升自身素质,抓住机遇,奋勇向前,以提升教学质量为己任。

（三）以研促校，找寻学校特色建设道路

乡村学校要重视教育科研研究，尤其要重视校本研究。为解决乡村教育建设中的现实问题，乡村学校需要有目的、有规划地以本校教师为研究主体，以自身教育教学问题为出发点，努力破解自身教育教学问题，提高教师的学术水准，提高校园建设与管理水平，以推进素质教育发展为归宿。乡村学校要强调教师的自我反思，倡导教师集体的同伴互助，更要尊重学科研发人才提供的学科指导，不断地推动教师的专业化发展，在成长中找到学校的特色建设之路。"五位一体"协同振兴乡村教育机制主体框架可见图 8-2。

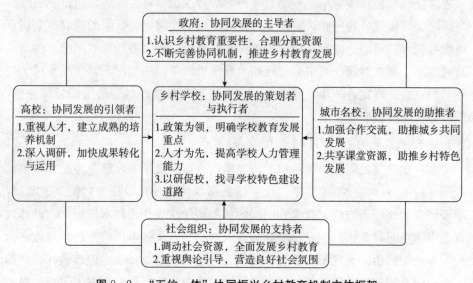

图 8-2　"五位一体"协同振兴乡村教育机制主体框架

第四节　协同振兴乡村教育的挑战与展望

一、协同发展目前面临的挑战

（一）协同目标不明确

首先，协同各方对协同目标理解不清晰。协同主体对乡村教育协同的目标认识不全面，各主体并不明白自己可以做一些什么，也不知道自己可以获得什么。各主体之间的合作仅仅是程序化的安排，不明白应如何达成乡村教育振兴的目标，也不知道在这个主要目标下每一阶段有哪些具体目标，只是照搬一些

合作经验，将协同振兴乡村教育变为面子工程。有些学校没有理解合作的本质，将合作等同于考核、展示，害怕暴露出学校在振兴发展中存在的问题。这些对协同目标的错误认知，导致了协同主体间不能找到实践中的真问题，使协同流于表面。

除此之外，由于协同主体各自发展目标和规划不同，对于协同的诉求也不同，导致了协同主体间在具体目标上存在冲突。在协同合作中，集体利益的发展必然伴随着部分个人利益的让步，而协同能够成功进行的动力源在于，不同的利益主体能够在协同的过程中充分沟通、协调彼此的利益诉求，并且以教育为核心，整合各主体所长，从而产生更大的社会效应。协同振兴乡村教育从来不是政府单方面的给予，是五个主体之间合作互惠的过程，在构建"五位一体"协作系统的时候，政府一定要重视这五个主体的共同需要和适应程度，充分发挥各方的优势。

观察目前的乡村教育协同发展，我们可以发现，政府、高校、城市名校、社会组织、乡村学校对协同的方向和目标还不清晰，对乡村教育的协同振兴缺乏总体的认识，相关的协同组织很少，大部分只是在乡村学校内部协同，或者是其中两三个主体进行协同。协同流程的不清晰也导致部分乡村学校、高校、地方政府、城市名校、社会组织不明白自己在协同振兴中的定位，导致参与积极性不高。可以说，对于为什么要协同，协同要做什么，协同要怎么做，各主体还没有清晰的认识。

（二）协同体系不够完善

协同机制的建立是协同获得长期性、根本性、全局性发展的基础。长期以来，乡村教育的协同发展主要是靠政府引导、学校需求和高校科研需要来推动，协同效应不明显，协同主体之间的关系不稳定，协同存在疏离性。除了缺乏全局性的协同规划、对角色定位与目标定位不明的问题，目前乡村教育协同发展在协同推进物质保障、制度保障、人员保障方面都很缺乏，最明显的问题在于乡村教育协同的顶层设计和评价体系建立缺乏，许多地区还没有形成完整有效的协同机制，这使得各部门对自己的责任与义务没有明确的认知。教育综合改革的难点之一在于"相关部门的利益掣肘"，为了破除这种利益掣肘，就需要明确各部分的责任，并进行落实与监督，这对乡村教育协同的顶层设计是非常重要的。然而，目前乡村教育振兴缺乏完善的顶层设计，还未形成在教育部的引导下，由地方教育行政部门牵头，高校、城市名校、社会组织和乡村学校多个部门共同参与的、完善的顶层设计。目前，乡村振兴的"五位一体"协同还在初探阶段，未有完整的评价体系和科学的评价方法，在实践与经验方面还有缺陷，在质量评价与监督方面还有缺失，致使协同缺乏问责与激励机制，权责不明确、利益制衡机制不健全，协同全靠自觉，各自为政的现象比较普遍，协同质量难以保障。

此外，协同各主体间存在很大的异质性。各主体的文化氛围、领导作用、凝聚力各有不同，在协同不同方面展现的能力、作用力也有所不同。长期以来，由于知识接触面、教学角色、团队能力等方面的差异，协同主体之间的关系与合作并不是对等的。只有不同的协同主体具有独立性与平等性，能够形成平等的对话，才能更好地进行沟通与合作，才是协同能够长期有效开展的关键。

（三）协同中乡村文化遭到剥夺

我国有深厚的农耕文明传承，传统的文化教育也是与农耕文明相融的。但近年来，中国工业化和城市化的高速发展给乡村教育造成了很大的冲击，乡村城市化和城市支配乡村现象已经出现，传统的与乡村文明融合的乡村教育正在被逐步弱化。温德尔·拜瑞指出，乡村教育主要应该着眼于农民存在和生活过的地方，乡村教育的真正目的应该是提高农民个人的幸福感，为整个社区和生态系统而谋幸福①。脱胎于传统农耕文明的乡村教育必须有与之相对应的社会文化内容，而不能单纯效仿城市教育。

但是，由于中国城市乡村一体化发展，大批的乡村劳动力进城打工，乡村社区呈现出人口老龄化和空心化的态势，乡村文化教育受众下降，出现了"城市挤，乡村弱"的现象。近年来，国家有关政策一再提到了对乡村小型学校的质量建设，在 2018 年第十三届全国人大一次会议召开的新闻记者会上，教育部部长陈宝生指出，对于城镇大班额问题，必须和"乡村弱"联系起来，以提升教育质量，稳住农村部分生源②。2018 年发布的《国务院办公厅关于全面加强乡村小规模学校和乡镇寄宿制学校建设的指导意见》也明确提出了发展乡村学校的问题，并要求进一步发挥寄宿学校全天候育人特点和乡村教育资源的特殊优势，积极开展丰富多彩的教育综合实验和校园文化活动③。

---

① 于海洪. 部分发达国家保障乡村教育发展的经验与启示［J］. 比较教育研究，2018，40（8）：32.
② 教育部部长陈宝生：2020 年基本消除"大班额"［EB/OL］.（2018－03－16）［2021－02－07］. www. gov. cn/xinwen/2018－03/16/content＿5274720. htm.
③ 国务院办公厅关于全面加强乡村小规模学校和乡镇寄宿制学校建设的指导意见［EB/OL］.（2018－05－02）［2021－02－07］. http://www. gov. cn/zhengce/content/2018－05/02/content＿5287465. htm.

然而，随着城区学校大规划扩招，城乡交通隔阂打开，乡村居民经济水平提高，大量学生甚至从幼儿园就开始择校入城，部分学生与家长甚至存在"以在城里读书为荣，以在乡村读书无光"的认识误区。全国义务教育范围的乡村学校数量依然在减少①。伴随着这种趋势，乡村生活方式也在逐渐改变，乡村文化隐匿甚至消亡。代静亚和龙红霞认为，乡村学校的大规模撤并、学生进城、文字上移，在根部破坏了本地文化体系，使本土文化失去活力，乡村文化教育功能日益边际化而至消隐②。因此，在协同振兴乡村教育时，我们一定要关注到乡村教育本身的文化根源，谨防产生替代化教学，直接将城市学校的模式移植到乡村学校，造成乡土文化在乡村教育中的遮蔽与消失。

（四）协同中沟通交流比较困难

在协同的过程中，不同方面的沟通与交流是非常重要的，低效率的交流很有可能会导致协同失败。此外，双方如果有一致的价值观、愿景且相互信任，才可能各尽所长、协作顺利；相反则很容易失败。因此，不同主体间的沟通交流是非常重要的。

《构建利用信息化手段扩大优质教育资源覆盖面有效机制的实施方案》指出，要通过教育信息化技术手段扩展教学资源覆盖范围，逐步形成与我国教育现代化建设任务相适应的教育信息化体系③。乡村学校的布局相对比较分散，且部分乡村学校的办学规模很小、长期孤立、硬件设施不足，导致乡村学校与其他协同主体之间沟通不利。目前也没有完善的协同平台以及时发现问题、整合资源，协同过程中沟通交流比较闭塞低效，不利于协同的顺利和谐发展。

二、协同发展的注意事项

（一）审视协同合作观，完善引领机制

在协同的过程中，虽然不同的主体都有不同的价值目标和利益追求，但是如果参与的主体能将同一个目标列为核心价值，以乡村教育振兴为己任，

① 邬志辉，秦玉友. 中国农村教育发展报告 2019［M］. 北京：北京师范大学出版社. 2020：185－186，216.

② 代静亚，龙红霞. "后撤点并校时代"的乡村教育与乡村文化传承［J］. 教学与管理（理论版），2014（4）：40.

③ 教育部　财政部　国家发展改革委工业和信息化部　中国人民银行关于印发《构建利用信息化手段扩大优质教育资源覆盖面有效机制的实施方案》的通知［EB/OL］.（2014－11－16）［2023－01－11］. http://www.moe.gov.cn/srcsite/A16/s3342/201411/t20141124＿179124.html.

就会形成协同振兴乡村教育的合力。协同合作观的建立因此显得格外重要。理论的引领是乡村教育协同振兴的先导。在传统的教育发展模式中,政府、高校、城市名校、社会组织与乡村学校的振兴发展往往是分开的,不同的主体对乡村教育的观念、思维方式有很大的差异。协同理念突破了传统单向、线性的思维,呈现出多元化、开发性、共发展的协同样态,鼓励各主体在协同发展中共享协作、收获创新。协同本质上是一种互惠互利的工作模式,从来不是单向的学习,而是共同的发展,各主体单位要加强对协同理念的学习,打破单一的信息茧房,理解协同发展相对单一发展带来的巨大收益,认可协同理念,明白协同目的,挖掘协同给主体带来的收益,加强合作意识、合作精神与合作能力。

此外,要重视政府在协同中的主导作用以及协同顶层设计的建立。奥尔森指出:"除非一个群体中人数相当少,或者是存在强制或其它某种手段促使个体为了实现他们的共同利益行动,否则理性的、寻求自身利益的个体将不会为实现他们共同的目标或群体利益而采取行动。"① 乡村教育作为国家层面的兜底教育,富乡村的教育,对国家的发展有战略价值。从长期来看,"五位一体"的协同更是不同主体之间的互惠合作,对参与协同的不同主体都是利大于弊。但是由于乡村教育处于弱势地位,所以首先还是需要建立乡村教育与城市教育之间的平等关系,实现互促互进,这必然需要部分主体在前期让渡部分利益。政府必须出面主导,强调乡村教育建设对所有主体的重要意义,完善协同的制度化建设,落实每个主体的责任和义务,这样才能真正做到政策性输血和资金均衡。为了更利于政府主导"五位一体"协同的实现,可以成立乡村振兴小组,形成完善的顶层设计,这不仅能增加"五位一体"的组织协同,有利于形成完整的投入政策、激励政策、监督政策、保障政策体系,开展多元评估,也能为更大范围、更深层次的教育改革奠定基础,以便寻找优化体系。

在实践中,有的地方也认识到顶层设计的重要意义,做出了许多优秀的范例。帮扶工作不是"分散式"的,而要设立团队进行"组团式"的援助,从早期协助校园基础设施的总体规划、建制,到后期帮助受援学校开展规章制度建

---

① 转引自:宋丹. 从集体行动理论角度分析公民参与 [J]. 中共乐山市委党校学报,2012,14(3):56.

立，完善学校日常管理工作，以团体合作的方法帮助学校解决多方面发展困难①。

（二）明确协同机制，发挥整体效应

要做到"五位一体"协同振兴乡村教育，首先必须要对协同的流程以及各方面的角色定位有清晰的认识，考虑各方面的需求与责任，构建清晰的协同流程。协同主体应当能够围绕核心目标挖掘各主体在协同中可以达成的目标，提高主体之间的耦合度，保障各主体之间战略上的一致，为协同打下坚实的基础。

具体来说，各主体应当理念互通、需求互补、互助共进、共同发展。在这一原则的基础上不断协调配合、创新方式、降低摩擦、减少冲突，形成系统的有序结构。政府部门可以通过政策主导与支持，提高教师待遇与激励政策，保障乡村教育建设的硬件条件，促进学校质量的提升，落实国家教育方针。同时乡村教育的发展反哺乡村，促进乡村振兴。高校可以通过提供专家人才，指导乡村学校完成建设改革，建构乡村教育发展体系。高校也可以增强在校生尤其是师范生就读师范的自豪感，为师资资源提供保障。而乡村教育的发展，也能给高校提供一线的研究数据，使高校更好地把握乡村教育的内涵，探索理论知识。此外，这种合作也有助于高等教育与基础教育形成一套完整的体系，储备更多优质生源。城市名校可以通过协同合作分享先进资源，充分发挥示范帮扶作用，引领乡村学校的发展。同时城市名校也能够获得乡村学校的乡土文化资源，产生更丰富的课程体系。社会组织可以通过产学研合作，提供实践环境，在新媒体时代，相关组织更是可以通过信息舆论，提高乡村教师的地位认同，让更多人愿意前往乡村，让乡村教师愿意留下来。通过协同合作培育乡村教育人才，加强学生对乡村的认同感，培养全面发展的乡村儿童，为社会输送人才。此外，乡村学校也可以在教育中实现与社会需求的衔接，动态调整课程与教学模式，促进乡村教育的发展。"五位一体"协同振兴乡村教育的基本框架可见图 8-3。

① 市区校三级联动，人财智并轨支撑，"帮扶地图"覆盖 13 个省份——教育精准扶贫的深圳答卷［EB/OL］．（2020-08-06）［2021-02-07］．http://www.moe.gov.cn/jyb_xwfb/xw_zt/moe_357/jyzt_2020n/2020_zt11/difang/202008/t20200806_476957.html．

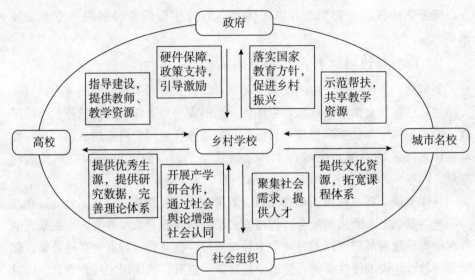

图8-3　"五位一体"协同振兴乡村教育基本框架

(三) 把握乡村教育的文化内核

协同振兴乡村教育要紧紧把握乡村文化这一结合点,把握乡村教育的核心,实现乡村教育的文化熏陶。

首先要挖掘乡风文明。乡村振兴战略的总要求之一是乡风文明,在以城市为标准的文化价值体系里,乡村文化及其蕴含的教育价值总会受到质疑。然而乡村文化背后所蕴藏的教育文化资源是非常丰富的,我们有必要针对乡村的特点,挖掘乡村文明,形成独特的乡村文化,并且树立乡村文化的价值自信,打造乡村本土教材。江西弋阳县坚守"以良好的校风影响家风,改变民风"教育理想,以"让弋阳的孩子在家门口接受良好的教育"为办学目标,避免"人为"打造优质校,让本来处于劣势的乡村教育、乡村学校相形见绌。他们根据学校情况,有针对性地开展了与地方特色相匹配的活动,如弋阳腔、清明粿、米糖、会戏、农耕文化等,在全县铺开乡村清洁行动等绿色课程,最终实现大量城区就读学生的"回流",改善了义务教育不均衡的局面[①]。

其次,我们需要赋予乡村学校更多的课程研发自主权,提供更多的引导和支持而不是将课程生搬硬套,打破对乡村学校的偏见,防止用城市教学替代乡村教学的行为,立足乡村学校课程系统,为乡村学校课程文化建设营造良好的

---

① 忠建丰. 江西弋阳县:以良好的校风影响家风改变民风[EB/OL]. (2017−02−20)[2023−01−12]. http://www. moe. gov. cn/jyb ＿ xwfb/moe ＿ 2082/zl ＿ 2017n/2017 ＿ zl08/201702/t20170220 ＿ 296746. html.

环境，防止越权替代行为干扰乡村学校课程研发的创新性、自主性。"授人以鱼，不如授人以渔"，相关机构应当引领乡村学校组织课程建设，提升乡村学校教师的专业知识和课程研发能力，并且通过优秀课程选拔的形式，激励乡村学校自主研发课程的积极性。湖南第一师范学校为全国公费定向师范生设计了有针对性的课程，使全国公费师范类学生掌握了乡村义务教育中学生（如留守儿童）的心理特点；专门研发与乡村文化和乡村教学有关的课程，让学生学会开发、运用乡村文化资源。学校为这些乡村预备役教师建立良性的教学生态，使其更贴近培养对象的日常生活，构筑专业知识和实际生活经历之间的桥梁，使教育顺其自然、水到渠成[1]。

最后，我们需要大力支持乡村名校的发展。培育新型教育资本是乡村教育振兴能够取得成功的关键因素，在"五位一体"协同发展中，我们要将乡村学校作为协同发展的中心，围绕着如何培育本土的乡村学校展开，促进乡村学校的相互认同和自我认同，建立模范与样例。四川蒲江县提出"现代田园教育"，认为乡村小学本就担负着弘扬和发展地方文明的职责，教学目的就是要淳风化俗，教育一方。蒲江县引入茶文化、茶艺知识等项目，与企业开展合作；通过社区教育办公室，邀请社区人员参与各项活动。各所中小学在这样的教育模式下产生了浓郁的乡土气息，如南街幼儿园的"亲近自然"，鹤山初级中学的"爱每一个学员，不抛弃任意一位学员"，甘溪学校的"竹品教育"等。这种对学校文化和区域文化的融入和再造，是蒲江乡村教育不断迈向繁荣的重要保障[2]。

（四）利用互联网平台加强沟通

随着互联网的发展，"互联网＋教育"越来越受重视，互联网在教育过程中的便捷性也为教育发展提供了很多助力。教育现代化的发展，突破了传统教育的时间与空间限制，学生足不出户，就能够享受优秀的教育资源，实现个性化的学习。而"五位一体"协同网络系统的搭建，不仅可以实现优秀的教育资源共享，缩小院校之间的差距，更有利于协同主体之间的互相沟通，共同成长。

---

① 湖南公费定向师范生：为乡村培养"定制化"优秀教师[EB/OL].（2017-05-08）[2021-02-07]. http://www.moe.gov.cn/jyb_xwfb/xw_zt/moe_357/jyzt_2017nztzl/2017_zt03/2017_zt03_hn/17zt03_mtbd/201705/t20170508_304013.html.

② 刘磊. 让农村教育反哺农村发展——四川省蒲江县推进现代田园教育采访纪行[EB/OL].（2013-10-28）[2021-02-07]. http://www.moe.gov.cn/jyb_xwfb/s5147/201310/t20131028_158806.html.

首先，通过合理和优化配置城乡教育资源，充分发挥城市学校的示范帮扶作用，引领乡村学校的发展。例如，陕西省以推动教育信息化与大数据分析体系建设为工作重点，积极推动城市、乡村义务教育工作的一体化蓬勃发展，全面推进教育信息化"云＋端"应用，在全省8个市、75个县（区）建立"网络空间人人通"网络平台，实现"一点接入，全省共享"①，为城市学校发挥示范帮扶作用提供硬件上的支持，保障教育资源在城乡之间的流通。

其次，城市学校与乡村学校之间需要构建交流的通道，推动校长、教师之间的交流，促进资源的共享。上海交通大学在云南省洱源乡村学校协同建设乡村教育中，帮助洱源地区学校建设远程教室，不仅让两地平时的交流更加实时方便，前往上海进修的老师也能更及时地分享学习成果，放大进修教室的辐射和带动作用②。无独有偶，陕西省教育部门还建立"陕西教育扶智平台"，制定《义务教育薄弱环节改善与能力提升工作教育信息化项目建设指南》，利用教育信息化建设推进校园结对，精准推送城市名牌学校资源，实现城市乡村学校管理共进、教学共研、资源共享、信息互联，推动学校教学精准助智，有效减少城市、乡村教育资源差距，推动教育公平③。

总的来说，乡村教育的协同发展是一种趋势，也是一种必然，"五位一体"的协同发展，能够给予乡村教育尽可能多的帮扶，能够合理调动资源，有效地促进乡村教育的发展，对促进教育资源均衡分布有很大的作用。乡村教育"五位一体"协同发展建设，需要加强对协同流程的梳理，对协同体系的要素匹配，对协同运行的建章立制，对协同进程的把控与监督，明确政府主导、高校引领、城市名校助推、社会组织支持以及乡村学校策划的协同发展模型，同心同力大力发展乡村教育。虽然现阶段乡村教育的协同发展还面临不少问题，比如协同目标不够清晰、协同机制不够完善、协同中乡村文化易被剥夺、协同过程中交流沟通困难等，但只要我们不断努力，发挥不同主体间的整体效应、做好政府主导与顶层设计、努力把握乡村教育的文化内核、利用互联网平台加强沟通，就一定能在国家前所未有地重视教育的今天，抓住契机，通过"五位一体"协同发展，让乡村教育焕发出新的光彩。

---

① 曹建. 陕西省以"四张网"打造"互联网＋教育扶贫"[EB/OL]. (2020－05－21)[2021－02－07]. http://www.moe.gov.cn/jyb_xwfb/s6192/s222/moe_1759/202005/t20200521_457242.html.
② 邬志辉，秦玉友. 中国农村教育发展报告2019[M]. 北京：北京师范大学出版社，2020：83.
③ 曹建. 陕西省以"四张网"打造"互联网＋教育扶贫"[EB/OL]. (2020－05－21)[2021－02－07]. http://www.moe.gov.cn/jyb_xwfb/s6192/s222/moe_1759/202005/t20200521_457242.html.

主要参考文献

一、普通图书

[1] 李森，张鸿翼. 当代中国乡村教育研究［M］. 广州：广东教育出版社，2018.

[2] 冯和法. 农村社会学大纲［M］. 上海：黎明书局，1934.

[3] 王慧. 中国当代农村教育史论［M］. 北京：光明日报出版社，2014.

[4] 田正平，周志毅. 黄炎培教育思想研究［M］. 沈阳：辽宁教育出版社，1997.

[5] 徐莹晖，徐志辉. 陶行知论乡村教育［M］. 成都：四川教育出版社，2010.

[6] 景海峰，黎业明. 梁漱溟评传［M］. 南昌：百花洲文艺出版社，2015.

[7] 马勇. 梁漱溟教育思想研究［M］. 沈阳：辽宁教育出版社，1994.

[8] 苗春德. 中国近代乡村教育史［M］. 北京：人民教育出版社，2004.

[9] 傅葆琛. 乡村生活与乡村教育 乡村平民教育的理论与实际［M］. 北京：中国社会科学出版社，2019.

[10] 李书磊. 村落中的"国家"：文化变迁中的乡村学校［M］. 杭州：浙江人民出版社，1999.

[11] 石中英. 知识转型与教育改革［M］. 北京：教育科学出版社，2001.

[12] 陶行知. 中国教育改造［M］. 北京：商务印书馆，2014.

[13] 张沪. 张宗麟乡村教育论集［M］. 长沙：湖南教育出版社，1987.

[14] 李森，崔友兴. 社会变迁中的乡村教育［M］. 福州：福建教育出版社. 2017.

[15] 洛克. 政府论［M］. 叶启芳，瞿菊农，译. 北京：商务印书馆，1964.

[16] 李鹏. 公共管理学［M］. 北京：中共中央党校出版社，2010.

[17] 邬志辉，秦玉友. 中国农村教育发展报告（2013—2014）［M］. 北京：

北京师范大学出版社，2015.

[18] 徐一超，施光明. 名校集团化：教育均衡发展的实践演绎 [M]. 杭州：
　　浙江大学出版社，2012.

[19] 王名. 社会组织论纲 [M]. 北京：社会科学文献出版社，2013.

[20] 徐本亮. 社会组织管理精要十五讲 [M]. 上海：上海社会科学院出版
　　社，2018.

[21] 宋林飞. 社会舆论学 [M]. 上海：上海人民出版社，1994.

[22] 吴锦良. 政府改革与第三部门发展 [M]. 北京：中国社会科学出版
　　社，2001.

[23] 黄传会. 为了那渴望的目光：希望工程 20 年记事 [M]. 合肥：安徽教
　　育出版社，2008.

[24] 哈肯. 协同学：自然成功的奥秘 [M]. 戴鸣钟，译. 上海：上海译文出
　　版社，1988.

[25] 颜泽贤，范冬萍，张华夏. 系统科学导论：复杂性探索 [M]. 北京：人
　　民出版社，2006.

[26] 中共中央马克思恩格斯列宁斯大林著作编译局. 马克思恩格斯全集：第
　　23 卷 [M]. 北京：人民出版社出版，2006.

[27] 邬志辉，秦玉友. 中国农村教育发展报告（2019）[M]. 北京：北京师
　　范大学出版社，2020.

[28] 王名. 中国 NGO 研究：以个案为中心 [M]. 清华大学 NGO 研究
　　所，2001.

[29] 陈侠，傅启群. 傅葆琛教育论著选 [M]. 北京：人民教育出版
　　社，1994.

二、期刊

[1] 于海洪. 部分发达国家保障乡村教育发展的经验与启示 [J]. 比较教育研
　　究，2018，4（8）：31—37.

[2] 温恒福. 农村教育的含义、性质与发展规律 [J]. 教育探索，2005（1）：
　　43—46.

[3] 杜育红，杨小敏. 乡村振兴：作为战略支撑的乡村教育及其发展路径
　　[J]. 华南师范大学学报（社会科学版），2018（2）：76—81，192.

[4] 李森，汪建华. 我国乡村教育发展的历史脉络与现代启示 [J]. 西南大学
　　学报（社会科学版），2017，43（1）：61—69，190.

［5］葛新斌. 关于我国农村教育发展路向的再探讨［J］. 中国农业大学学报（社会科学版），2015，32（1）：99－105.

［6］范先佐. 乡村教育发展的根本问题［J］. 华中师范大学学报（人文社会科学版），2015，54（5）：146－154.

［7］郝文武. 农村教育和乡村教育的界定及其数据意义［J］. 教育研究与实验，2019（3）：8－12.

［8］赵卫. 英国农村教育发展的历史经验［J］. 外国教育研究，1987（3）：60－63.

［9］王强. 美国农村普及教育的历史动因、特点及启示［J］. 外国教育研究，2007（9）：1－4.

［10］徐辉. 国外农村教育发展与改革的历史经验及启示［J］. 西南师范大学学报（人文社会科学版），2005（6）：96－101.

［11］曹斌. 乡村振兴的日本实践：背景、措施与启示［J］. 中国农村经济，2018（8）：117－129.

［12］孙立田. 工业化以前英国乡村教育初探［J］. 世界历史，2002（5）：70－79，128.

［13］赵卫. 美国农村教育发展、变革及其成因的历史考察［J］. 外国教育研究，1989（4）：46－50.

［14］张子荣. 国外农村职业技术教育发展的经验及启示［J］. 继续教育研究，2008（5）：42－43.

［15］别必亮. 我国古代农村教育的历史透视［J］. 教育与职业，1994（12）：18－20.

［16］刘奉越，张天添. 中国共产党百年乡村教育发展历程、成就与展望［J］. 河北大学学报（哲学社会科学版），2021，46（4）：47－54.

［17］王慧. 最近60年农村教育发展评议［J］. 河北师范大学学报（教育科学版），2011，13（5）：5－10.

［18］吴洪成. 20世纪二三十年代中国的乡村教育实验［J］. 四川师范大学学报（社会科学版），2002（5）：96－106.

［19］吴洪成，岳五妹. 晏阳初平民教育思想及其对乡村振兴战略的启示［J］. 海南热带海洋学院学报，2019，26（6）：116－122.

［20］张惠娟. 评晏阳初的乡村教育思想［J］. 教育探索，2005（8）：36－38.

［21］周逸先. 晏阳初平民教育与乡村改造方法论初探［J］. 高等师范教育研究，2002（3）：76－80.

[22] 张文郁. 陶行知的乡村教育运动: 思想与实践 [J]. 华东师范大学学报 (教育科学版), 1985 (1): 61-70.

[23] 霍玉敏. 论陶行知乡村教育思想 [J]. 理论导刊, 2005 (10): 83-85.

[24] 董春华. 陶行知乡村教育思想对当代农村教育的启示 [J]. 教育探索, 2012 (8): 7-8.

[25] 翟凌枫. 梁漱溟乡村教育思想初探 [J]. 焦作师范高等专科学校学报, 2020, 36 (1): 50-53, 69.

[26] 宋恩荣. 梁漱溟的乡村教育实验 [J]. 教育研究与实验, 1988 (2): 51-55.

[27] 赵晓林. 20 世纪二三十年代"乡村教育运动"的特点及其现实启迪 [J]. 陕西师范大学学报 (哲学社会科学版), 2006 (2): 124-128.

[28] 王雷. 关注农村社会教育——近代乡村教育试验活动的回顾与启示 [J]. 沈阳师范学院学报 (社会科学版), 2001 (6): 62-67.

[29] 李森. 新型城镇化进程中我国乡村教育可持续发展的现实困境与战略选择 [J]. 西南大学学报 (社会科学版), 2015, 41 (4): 98-105, 191.

[30] 石珊珊. 振兴基础教育是推动乡村发展的良方 [J]. 乡村振兴, 2021 (7): 85-87.

[31] 王玉国. 乡村教育的现实困境与未来之路 [J]. 教育发展研究, 2009 (17): 49-51.

[32] 储朝晖. 全球化视野中的中国乡村教育边缘化问题研究 [J]. 清华大学教育研究, 2002 (5): 45-50, 87.

[33] 万明钢. "文字上移"——渐行渐远的乡村教育 [J]. 教育科学研究, 2010 (7): 19-20.

[34] 蔡志良, 孔令新. 撤点并校运动背景下乡村教育的困境与出路 [J]. 清华大学教育研究, 2014, 35 (2): 114-119.

[35] 王玉国. 百年乡村教育价值取向及对未来的启示 [J]. 教育学术月刊, 2009 (11): 12-14.

[36] 刘云杉. "悬浮的孤岛"及其突围——再认识中国乡村教育 [J]. 苏州大学学报 (教育科学版), 2014, 2 (1): 14-19.

[37] 李涛. "文字"何以"上移"? ——中国乡村教育发展的社会学观察 [J]. 人文杂志, 2015 (6): 122-128.

[38] 余应鸿. 乡村教育发展的内生机制研究 [J]. 西南大学学报 (社会科学版), 2020, 46 (2): 107-114, 193.

[39] 焦后海，韩露，柴然. 乡村振兴战略下的农村教育资源配置思考 [J]. 教育导刊，2018（5）：24−30.

[40] 文军，顾楚丹. 基础教育资源分配的城乡差异及其社会后果——基于中国教育统计数据的分析 [J]. 华东师范大学学报（教育科学版），2017，35（2）：33−42，117.

[41] 关浩杰. 乡村振兴战略的内涵、思路与政策取向 [J]. 农业经济，2018（10）：3−5.

[42] 李恺，万芳坤. 乡村振兴背景下乡村教师工作满意度研究——基于心理契约的视角 [J]. 华中农业大学学报（社会科学版），2019（4）：123−135，176.

[43] 孟筱. 乡村振兴视域下乡村教育发展难题与破解之道 [J]. 人民论坛，2019（28）：74−75.

[44] 丁学森，邬志辉，薛春燕. 论我国乡村教育的潜藏性危机及其消解——基于在地化教育视角 [J]. 教育研究与实验，2019（6）：19−23.

[45] 许庆如. 中国近代乡村教育研究的回顾与展望 [J]. 河北师范大学学报（教育科学版），2012，14（9）：38−47.

[46] 戚万学，刘伟. 乡村教育振兴的内涵、价值与路径 [J]. 国家教育行政学院学报，2020（6）：21−28.

[47] 秦玉友，张宗倩，裴珊珊. 教育在促进农村发展中如何发力——2020年后教育扶贫对接教育促进乡村振兴的着力点与路径选择 [J]. 东北师大学报（哲学社会科学版），2021（4）：68−75.

[48] 李春玲. 新型城镇化与大流动环境下乡村教育发展的新征程及突破口 [J]. 探索与争鸣，2021（4）：9−11.

[49] 鲁子箫. 新型城镇化进程中乡村教育的困境与出路 [J]. 现代教育科学，2015（4）：69−71，114.

[50] 张国霖. 乡村教育是"在乡村"的教育 [J]. 基础教育，2018，15（3）：1.

[51] 张乐天. 重新解读农村教育 [J]. 教育发展研究，2003（11）：19−22.

[52] 陈龙. 新时代中国特色乡村振兴战略探究 [J]. 西北农林科技大学学报（社会科学版），2018，18（3）：55−62.

[53] 陈时见，胡娜. 新时代乡村教育振兴的现实困境与路径选择 [J]. 西南大学学报（社会科学版），2019，45（3）：69−74，189−190.

[54] 刘铁芳. 重新确立乡村教育的根本目标 [J]. 探索与争鸣，2008（5）：

56—60.

[55] 杜尚荣，刘芳. 乡村振兴战略下的乡村教育：内涵、逻辑与路径 [J]. 现代教育管理，2019（9）：57—62.

[56] 李振峰. 城镇化背景下乡村学校复兴的文化学思考 [J]. 基础教育，2018，15（2）：16—24.

[57] 冯建军. 从同一性到差异性：重构乡村教育的正义之维 [J]. 探索与争鸣，2021（4）：22—24.

[58] 郝文武. 以城乡教育有特色融合发展促进乡村教育振兴和农村教育现代化 [J]. 教育科学，2021，37（3）：1—7.

[59] 刘培军，吴孟玲. 教育振兴乡村的可能性与局限性 [J]. 教育导刊，2020（6）：5—10.

[60] 周兴国. 乡村教育的现代化困境与出路 [J]. 教育研究与实验，2018（4）：1—6.

[61] 郝文武. 乡村振兴战略中农村教育现代化的本质和目标 [J]. 南京师大学报（社会科学版），2021（4）：31—39.

[62] 陶芳铭. 逃离与坚守：乡村教育的现实困境与路径选择——基于 A 省 N 县的调研 [J]. 现代教育科学，2021（3）：1—6.

[63] 田胜秀. 温馨村小：乡村教育振兴的"农安密码"[J]. 人民教育，2021（9）：28—31.

[64] 李伦娥，阳锡叶，赖斯捷，等. 乡村教育振兴的县域探索——来自国家级贫困县泸溪的教育报告 [J]. 人民教育，2019（19）：21—32.

[65] 于铁夫. 乡村教育振兴背景下乡村教师面临的困境与对策 [J]. 吉林省教育学院学报，2019，35（11）：44—47.

[66] 蔡其勇，郑鸿颖，李学容. 新时代乡村教师队伍建设策略 [J]. 中国教育学刊，2018（12）：81—86.

[67] 龙冠丞，张瑞. 乡村教师教育信仰的回归 [J]. 教学与管理，2021（21）：5—9.

[68] 党峥峥，李学农，马君诚，等.《乡村教师支持计划》支持下乡村教师职业幸福感建构 [J]. 西北成人教育学院学报，2021（4）：92—95.

[69] 孙莉. 乡村振兴战略下农村职业教育的改革与创新发展 [J]. 教育与职业，2018（13）：5—11.

[70] 马建富. 乡村振兴战略实现的职业教育机会与应对策略 [J]. 中国职业技术教育，2018（18）：5—11.

[71] 张志增. 实施乡村振兴战略与改革发展农村职业教育 [J]. 中国职业技术教育, 2017 (34)：121-126.

[72] 霍翠芳, 王梓娇. 乡村学校教育生态现状及优化路径 [J]. 教学与管理, 2020 (15)：45-49.

[73] 张学敏, 赖昀. 乡村振兴战略背景下小规模学校教师精准补充机制研究 [J]. 湖南师范大学教育科学学报, 2019, 18 (6)：47-54.

[74] 陈斌开, 张鹏飞, 杨汝岱. 政府教育投入、人力资本投资与中国城乡收入差距 [J]. 管理世界, 2010 (1)：36-43.

[75] 张玉林. 中国乡村教育 40 年：改革的逻辑和未预期效应 [J]. 学海, 2019 (1)：65-76.

[76] 阎亚军, 祝怀新. 试论我国基础教育改革的国家逻辑 [J]. 教育发展研究, 2020, 40 (Z2)：7-13.

[77] 陆道坤, 蒋叶红. 思想的混乱与发展的迷茫：对教师资格证制度改革背景下教师教育发展的思考 [J]. 湖北社会科学, 2016 (10)：162-168.

[78] 李维, 许佳宾, 陈杰. 为什么优秀师范高校毕业生难以进入乡村学校 [J]. 现代教育管理, 2020 (6)：56-61.

[79] 陆少颖, 张红波. "三访三送"：乡村骨干教师精准培训新路径 [J]. 内蒙古师范大学学报（教育科学版）, 2020, 33 (6)：86-91.

[80] 段玉琴, 郝利. 乡村振兴基层人才教育培训模式研究与实践 [J]. 继续教育研究, 2021 (1)：67-69.

[81] 熊思东. 乡村教育振兴：高校的思考与作为 [J]. 群言, 2021 (1)：4-7.

[82] 王鉴, 苏杭. 略论乡村教师队伍建设中的"标本兼治"政策 [J]. 教师教育研究, 2017, 29 (1)：29-34.

[83] 李才. 高等教育服务乡村振兴的路径分析 [J]. 延边大学学报（社会科学版）, 2021, 54 (1)：91-97.

[84] 张福生. 课程资源共享及其实践路径 [J]. 中国教育学刊, 2012 (9)：60.

[85] 张建, 程凤春. 名校集团化办学中的校际合作困境：内在机理与消解路径——基于组织边界视角的考量 [J]. 教育研究, 2018, 39 (6)：87-97.

[86] 李介. 农村薄弱学校合作发展模式再探 [J]. 教学与管理, 2017 (34)：19-21.

[87] 郑金渊. 办学特色之文化阐释 [J]. 中国教育学刊, 1995 (5)：35.

［88］刘晓，黄希庭. 社会支持及其对心理健康的作用机制［J］. 心理研究. 2010（1）：3—8.

［89］张新平，吴康宁. 专题：我国教育改革和发展的社会支持要素研究［J］. 教育学报，2014（4）.

［90］许传新. 留守儿童教育的社会支持因素分析［J］. 中国青年研究，2007（9）：24—27.

［91］刘子悦，冷向明，丁秋菊. 柔性力量：社区教育嵌入社会组织能力发展的实证研究［J］. 华东理工大学学报（社会科学版），2019（6）：10—27.

［92］单冉. 社会组织参与高等职业教育发展探析［J］. 中国成人教育，2019（15）：21—23.

［93］郭晓斐，姚晓曦，高翠巧，等. 社会组织在贫困地区健康教育与健康促进中的作用［J］. 中国健康教育，2019（4）：381—383.

［94］龙永红，汪霞. 社会组织参与教育治理的主体性及其建构［J］. 现代教育管理，2018（8）：25—30.

［95］王名. NGO 及其在扶贫开发中的作用［J］. 清华大学学报（哲学社会科学版），2001（1）：77.

［96］付梵. 成绩闪亮 方式多样 民政部引导规范社会组织助力脱贫攻坚［J］. 中国民政，2019（14）：37—39.

［97］陈晓春，肖雪. 社会组织参与法治社会建设的路径探析［J］. 湖湘论坛，2019（4）：53—60.

［98］蒋乐仪. 美国社会管理的"三只手"及对我国的启示［J］. 学术研究，2009（1）：39—44.

［99］唐兴霖，刘国臻. 论民间组织在公共服务中的作用领域及权利保障［J］. 经济社会体制比较，2007（6）：72—78.

［100］王培智. 现阶段社会组织功能探析［J］. 唯实，2011（12）：87—89.

［101］张祺午. 服务乡村振兴亟待补齐农村职教短板［J］. 职业技术教育，2017（36）：1.

［102］杨宗凯，吴砥，郑旭东. 教育信息化2.0：新时代信息技术变革教育的关键历史跃迁［J］. 教育研究，2018，39（4）：16—22.

［103］张姝婧. 乡村振兴背景下的农村留守儿童教育与社会支持网络构建［J］. 农业经济，2020（5）：123—125.

［104］郝文武. 当代中国教育哲学研究：从概念建构到理论创新和实践变革［J］. 北京师范大学学报（社会科学版），2010（6）：5—14.

[105] 朱德全，黎兴成. 中国农村职业教育研究 70 年：研究嬗变与范式反思 [J]. 西南大学学报（社会科学版），2019（6）：5−19.

[106] 祁占勇，王羽菲. 乡村振兴战略背景下农村职业教育现代化的指标体系与行动逻辑 [J]. 西南大学学报（社会科学版），2020（4）：67−77，194.

[107] 李亚东，俎媛媛. 我国第三方教育评价的核心问题辨析及政策建议 [J]. 教育发展研究，2018（21）：1−5.

[108] 李森，崔友兴. 新型城镇化进程中乡村教育治理的困境与突破 [J]. 西南大学学报（社会科学版），2016（2）：82−89.

[109] 郑创兴，佘晓格，徐志婷，等. 乡村振兴背景下社会组织参与教育扶贫问题研究——以广西龙万爱心家园为例 [J]. 轻工科技，2021，37（1）：144−146.

[110] 冯玲玉，冯晓花，曹晶瑜. 乡村教师信息化教学能力发展的社会环境支持策略 [J]. 长春教育学院学报，2018（3）：13−15

[111] 冯玲玉，曹晶瑜，谢小虎，等. 乡村教师信息化教学能力现状分析——以秦安县陇城教育园区为例 [J]. 经贸实践，2018（10）：29−33.

[112] 杨晓梅. 宁夏社会组织承接政府购买服务的能力现状 [J]. 经济研究导刊，2020（15）：192−195.

[113] 骆正林. 社会舆论对教育改革和发展的支持现状 [J]. 广州大学学报（社会科学版），2014（6）：46−52.

[114] 沈伟民. 社会组织参与乡村振兴管理的法律依据与规制研究 [J]. 中国管理信息化，2019（24）：169−170.

[115] 郭金秀，龙文军. 社会组织如何参与乡村治理——基于安徽绩溪县尚村“积谷会”的调研 [J]. 农村经营管理，2020（3）：44−45.

[116] 杨轶华. 非政府组织参与农村教育贫困治理研究 [J]. 社会科学辑刊，2017（1）：72−78.

[117] 熊和妮，王晓芳. 教育公平视角下政府与教育类民间公益组织的合作伙伴关系研究：基于“营养改善计划”与“免费午餐基金”的比较 [J]. 当地教育与文化，2015（11）：13−19.

[118] 广西希望工程研究课题组. 论希望工程的社会意义 [J]. 广西社会科学，1998（3）：49−56.

[119] 金萍. 社会公益组织参与农村留守儿童教育的调查与研究——以江西微爱留守公益组织为例 [J]. 农村经济与科技，2015（11）：162−165.

[120] 李毅. 乡村振兴战略背景下社会工作参与贵州农村教育精准扶贫的路径探究 [J]. 福建茶叶，2019，41（8）：46-47.

[121] 哈肯. 协同学及其最新应用领域 [J]. 佚名，译. 自然杂志，1983（6）：5-12.

[122] 罗兴武. 形成教育合力重在"三个协同" [J]. 浙江交通职业技术学院学报，2007（3）：58-61.

[123] 邹刚，敖永红，张银丽. 协同学原理和现代网络教育资源建设的关系 [J]. 电化教育研究，2008（4）：43-46.

[124] 郑广祥. 大学生思想政治教育的协同作用及序参量的探析 [J]. 系统科学学报，2019（4）：105-108.

[125] 陈峰. 协同学理论及其在教育研究中的移植 [J]. 湖南师范大学社会科学学报，1993（4）：107-111.

[126] 刘佳，王群力. 脱贫与超越：县域推进大规模在线教育的组织化优势与自组织转向——以卢氏县为例 [J]. 中国电化教育，2020（9）：82-88.

[127] 柯青，沈惠敏，刘高勇. 企业协同知识管理的系统科学性研究 [J]. 情报杂志，2010（9）：119-123.

[128] 魏中浩，陈洪，杜毅. 协同学和企业管理 [J]. 中国科技产业，2006（9）：65-69.

[129] 胡定荣. 学校课程创新：从自主到协同 [J]. 课程·教材·教法，2015（11）：22-28.

[130] 叶向红，石中英. UDS 协同创新三方合作促进区域教育发展 [J]. 北京教育（普教版），2012（11）：4-5.

[131] 蔡其全. 区域协同推进乡村学校课程建设 [J]. 现代教育，2017（9）：13-16.

[132] 代静亚，龙红霞. "后撤点并校时代"的乡村教育与乡村文化传承 [J]. 教学与管理（理论版），2014（4）：39-42.

[133] 宋丹. 从集体行动理论角度分析公民参与 [J]. 中共乐山市委党校学报，2012，7（3）：54-57.

三、学位论文

[1] 周湘晖. 农村中小学教师补充问题研究 [D]. 长沙：湖南大学，2012.

[2] 毛珊珊. 民族地区"乡村教师支持计划"政策执行的文化分析 [D]. 武

汉：中南民族大学，2018.

[3] 王光雄. 乡村教师专业发展支持路径研究 [D]. 重庆：西南大学，2018.

[4] 黄可馨. 新时代乡村教师专业发展的高校支持策略研究 [D]. 长沙：湖南师范大学，2020.

[5] 王雨婷. 基于协同论的小学内部治理制度体系构建研究 [D]. 成都：成都大学，2020.

[6] 袁蕾. 昆明市"名校融校"办法执行效果研究——以呈贡新区为例 [D]. 昆明：云南大学，2018.

[7] 程馨盈. "互联网+教育"背景下大学课程资源的社会共享研究 [D]. 南京：南京师范大学，2017.

[8] 周亚玲. 名校集团推进机制研究——以成都市为例 [D]. 成都：四川师范大学，2016.

[9] 钟慧莉. 名校集团化办学：基础教育高位均衡发展的"长沙模式" [D]. 长沙：湖南农业大学，2016.

[10] 黄露. 成都市城乡教育均衡发展研究——基于成都市区域教育联盟框架 [D]. 成都：成都电子科技大学，2018.

[11] 吴晶. 基础教育学区化办学研究 [D]. 上海：华东师范大学，2018.

[12] 杨茼泽. 社会组织在乡村振兴中发挥的功能及其实现路径研究——以舟山为例 [D]. 舟山：浙江海洋大学，2020.

[13] 杜明峰. 社会组织参与教育——基于治理的视角 [D]. 上海：华东师范大学，2017.

[14] 熊兰瑛. 民间公益组织参与农村幼儿园教师专业发展的实践研究 [D]. 重庆：西南大学，2017.

[15] 聂雯. 社会公益组织参与教育扶贫模式的优化研究 [D]. 南京：南京大学，2019.